Abenteuer!

MAJA NIELSEN ERZÄHLT

Piraten

>>> Auf den Spuren der Seeräuber

Fachliche Beratung: Robert Bohn, Rick Haupt und Sylvia Krüger

GERSTENBERG

Die Autorin Maja Nielsen kam durch ihre beiden Söhne zum Schreiben spannender Abenteuergeschichten. Viele davon sind als Bücher und Hörbücher erschienen oder wurden als Hörspiele und Reportagen im Rundfunk gesendet. Für die Bücher der Reihe *Abenteuer!* stehen ihr Experten der jeweiligen Sachgebiete zur Seite.

Fachliche Berater dieses Bandes:
Sylvia Krüger und **Rick Haupt** sind Dokumentarfilmer und -fotografen und Meeresforscher. Seit vielen Jahren sind die beiden als Wracktaucher im Einsatz und haben zahlreiche Expeditionen zu Wracks von der Arktis bis in die Karibik unternommen. Mit ihrem Unternehmen Oceans Discovery produzieren sie für verschiedene Fernsehsender im In- und Ausland Dokumentarfilme über ihre Expeditionen.
Robert Bohn ist Professor für mittlere und neuere Geschichte an der Universität Flensburg. Die Seefahrtsgeschichte zählt zu seinen Forschungsschwerpunkten. Er hat über die Geschichte der Piraten ein Buch geschrieben.

Reihenkonzeption und Illustrationen: Magdalene Krumbeck, Wuppertal
Gestaltung, Satz und Litho: typocepta, Köln
Karten: Peter Palm, Berlin
Druck: Offizin Andersen Nexö, Zwenkau
Printed in Germany

www.gerstenberg-verlag.de

ISBN 978-3-8369-4884-5

Alle Titel dieser Reihe unter **www.gerstenberg-verlag.de** und im Buchhandel

ISBN 978-3-8369-4878-4

ISBN 978-3-8369-4872-2

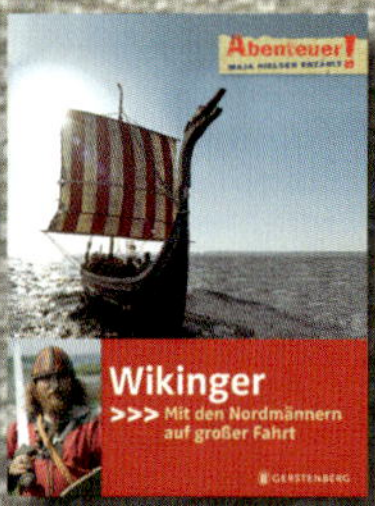

ISBN 978-3-8369-4876-0

Inhalt

Fluch der Karibik

Schrecken der Meere, Fluch der Karibik: Piraten! Von dem größten Goldrausch in der Geschichte der Menschheit werden sie in die Karibik gelockt. Denn seit Christoph Kolumbus im Jahre 1492 für die spanische Krone Amerika entdeckt hat, sehen es die Spanier als ihr gutes Recht an, die unermesslichen Goldschätze der Inka, Maya und Azteken an sich zu reißen und über den Ozean nach Spanien zu bringen.

Je mehr Schatzschiffe sich auf den gefahrvollen Weg über den Atlantik begeben, desto zahlreicher werden auch die Männer, die auf die fette Beute aus sind. Mit ihren wendigen, schnellen Schiffen machen die Piraten Jagd auf die mit Gold und Silber beladenen Galeonen der Spanier.

Sobald der Schreckensruf „Piraten!“ ertönt, können die spanischen Seeleute nur noch beten. Gegen die bis an die Zähne bewaffneten, zum Äußersten entschlossenen Seeräuber hat die Mannschaft der Schatzschiffe keine Chance.

Es ist das „Goldene Zeitalter der Piraterie“, und Freibeuter wie Henry Morgan werden gleichermaßen durch ihre Grausamkeit wie durch ihren Wagemut zur Legende. Keiner ist so verwegen, keiner erbeutet so reiche Schätze wie er. Geschichten über Henry Morgan und sein berühmtes Flaggschiff, die HMS *Oxford*, werden auf allen Schiffen, in allen Hafenkneipen erzählt. Alle wollen zu seiner Mannschaft gehören.

Wer ist der Mann hinter der Legende? Was trieb ihn an, und was ist das Geheimnis seines sagenhaften Erfolges?

Der deutsche Wracktaucher Rick Haupt verbringt vier Jahre seines Lebens damit, dem erfolgreichsten Piraten des englischen Königs auf die Spur zu kommen. Er macht sich auf die Suche nach dem Wrack der *Oxford*, einst legendäres Flaggschiff Morgans, das in der Karibik sank und Jahrhunderte auf dem Grund des Meeres ruhte. Eine Suche wie eine Sucht, von der in diesem Buch erzählt wird.

Ich hatte das Gefühl, dass dieser Captain Morgan aus seinem nassen Grab nach mir ausruft. Anders kann man nicht erklären, warum ich die Suche nicht aufgegeben habe.

Rick Haupt

1

Die Explosion

2. Januar 1669, Südküste des heutigen Haiti. Es weht ein frischer Wind aus Nordost. Die *HMS Oxford*, ein prachtvoller Dreimaster, nimmt Kurs auf die kleine Insel Île à Vache, die Haiti vorgelagert ist. An Bord: der Freibeuter Henry Morgan, Befehlshaber von zehn Piratenschiffen, Anführer von achthundert Mann, raue Gesellen allesamt. Er kommt verspätet zu dem vereinbarten Treffpunkt mit seinen Männern – mit voller Absicht. Sie sollen ihn alle sehen. Gaffen sollen sie, mit offenen Mündern dastehen, wenn er auf seinem neuen Schlachtschiff in die verborgene Bucht, ihren geheimen Schlupfwinkel, einfährt.

Die *Oxford* ist der Traum eines jeden Seemanns. Der Dreimaster ist das größte englische Kriegsschiff an diesem Ende der Welt. 40 Meter lang, mehr als 200 Tonnen schwer und mit der gewaltigen Feuerkraft von 36 Kanonen ausgestattet – die Pulverkammern sind randvoll mit Schwarzpulver gefüllt. Unbesiegbar fühlt sich der Engländer Henry Morgan auf seinem neuen Flaggschiff.

Morgan geht seinem blutigen Piratenhandwerk im Auftrag von König Charles II. von England nach.

Unten links: Die *Oxford* in einer Seeschlacht gegen die Holländer, die wie England Handelsstützpunkte in der Neuen Welt errichten möchten

Unten rechts: Kolumbus landet am 12. Oktober 1492 in Amerika und wird von den Ureinwohnern des Kontinents freundlich empfangen. Eine neue Zeit beginnt. Keine gute für die Indios.

Neue Welt

Den amerikanischen Kontinent, den Christoph Kolumbus **1492** für die spanische Krone entdeckt, nennt man in Europa Neue Welt. Als Alte Welt gelten die bis dahin bekannten Erdteile Europa, Asien und Afrika. In Mittel- und Südamerika raffen die Spanier gewaltige Mengen an Gold- und Silberschätzen zusammen. Die Spanier zerstören die jahrtausendealten Kulturen der Azteken, Inka und Maya unwiederbringlich. Damit man den Goldschmuck und die vielen Kunstgegenstände leichter abtransportieren kann, werden sie vor dem Verladen eingeschmolzen. Spanische Galeonen werden in Häfen wie Vera Cruz, Nombre de Dios, Panama, Cartagena, Maracaibo oder Portobello beladen. In Havanna sammelt sich die gesamte spanische Schatzflotte, um gemeinsam den Atlantik zu überqueren.

Der König hat dem Draufgänger das prächtige Schiff zur Verfügung gestellt, um den verhassten Spaniern das Leben schwer zu machen. In der heißen Karibiksonne flimmert die Luft über dem Meer. Zehn Schiffe zählt Morgan vor Île à Vache. Sie sind alle gekommen, die „Brüder der Küste", die Gesetzlosen, die mit ihren wendigen Kaperschiffen bereits zahllose Überraschungsangriffe auf die spanischen Goldschiffe ausgeführt haben. In Gedanken geht Henry Morgan noch einmal die Ansprache durch, die er seinen Männern gleich halten wird. Ihr nächster Beutezug soll alle bisherigen in den Schatten stellen. Er muss sie alle überzeugen, nur wenn er sie mitreißen kann, werden sie ihm folgen. Nervös zupft der große kräftige Mann mit der langen wilden Mähne an seinem gezwirbelten Schnurrbart herum. Die Piraten blicken ihrem Anführer auf dem königlichen Kriegsschiff erwartungsvoll entgegen. Ihre eigenen Schiffe kommen ihnen auf einmal wie Nussschalen vor.

Ein Teufelskerl, dieser Morgan! Was ist dieses Mal sein Plan?, fragen sich die Männer, als der Anführer endlich zu ihnen stößt. Fast alle, die ihn vor Île à Vache erwarten, waren bei

Henry Morgan. Mit 20 Jahren kommt er in die Karibik und schließt sich den Piraten an. Zehn Jahre später ist er Befehlshaber einer Piratenflotte und besitzt ein Vermögen. Seine Freunde nennen ihn „Harry".

Fleischergesellen von der übelsten Sorte, die acht Tage im Schlachthaus zugebracht und sich nicht gewaschen haben.

Der französische Priester Jean Baptiste du Tertre um 1670 über die „Brüder der Küste"

Morgans letztem Beutezug dabei. Glorreiche Tage waren das, als sie mit Henry Morgan Portobello verwüsteten, die drittgrößte Siedlung der Spanier in Mittelamerika. Drei Forts mussten bezwungen werden, dann fielen die Stadtmauern. Die Reichen wurden so lange gefoltert, bis sie entweder starben oder den Freibeutern die geheimen Verstecke verrieten, in denen ihr Geld und Gold war. Früher oder später redeten alle – die noch reden konnten. Ein kleines Vermögen sprang für jeden Gefolgsmann Morgans dabei heraus. Was wird ihr neues Ziel sein?

Henry Morgan lässt die ganze Mannschaft an Deck antreten. Dann raunt er heiser nur das eine Wort: „Cartagena!“

An Bord ist es totenstill. Dann erhebt sich ein lautes Stimmengewirr. Was? Cartagena? Ein Angriff auf die stärkste Festung der Spanier – das ist Wahnsinn! Die Sonne hat Morgan anscheinend das Hirn verbrannt! Die Bastion Cartagena ist uneinnehmbar!

„Da machen wir nicht mit“, murren die Ersten. Meuterei liegt in der Luft. Doch Morgan lässt sich nicht beirren. Er zählt die vielen Schätze auf, die in Cartagena lagern. Die Spanier rauben in der Neuen Welt, was sie nur kriegen können. Mit Waffengewalt entreißen sie den Einwohnern jahrtausendealte Kulturschätze. Zudem zwingen sie die unglücklichen Menschen, als Sklaven in den Gold- und Silberminen zu schuften. Zahllose Goldschiffe segeln mit ihrer Beute von der amerikanischen Atlantikküste nach Spanien ab. Nahezu der gesamte Kolonialhandel der Spanier wird über Cartagena abgewickelt. Die Lagerhäuser quellen über. Wertvolle Edelsteine, zahlreiche Schätze aus den Tempeln der Inka, kostbarer indianischer Silberschmuck, Tonnen über Tonnen vom Gold der Azteken.

Morgans Augen blitzen, als gehöre das alles schon ihnen. „Wahrhaftig, unter Morgans Führung könnte uns der Raubzug gelingen!“, murmelt einer, und ein anderer nickt. Am Ende wird abgestimmt. Und alle sind sich einig: „Wir sind dabei!“

Oben: Die Spanier nehmen den Inka mit brutaler Gewalt ihre Schätze ab. Das lockt Piraten an, die wiederum die Spanier um die Beute bringen. Auf manchen Raubzügen werden die Piraten von Ureinwohnern unterstützt.

Oben links: Die blutige Plünderung von Puerto Principe auf Kuba durch Henry Morgan und seine Männer 1668

Das Gold der Inka

Gold war für die in Peru lebenden Inka eine Gabe der Götter. Es wurde während religiöser Handlungen eingesetzt und hatte keinen materiellen Wert. Die Priester tranken bei Opferriten aus goldenen Bechern und schnitten den Menschenopfern das Herz mit einem goldenen Messer aus dem Leib. Im Laufe der Jahrtausende entwickelte sich in Peru eine reiche Goldschmiedekunst. Die Inka verstanden sich auf die Herstellung von hauchdünnen Goldmasken, kunstvollen Kronen und fein gearbeitetem Goldschmuck. Für die Spanier zählte allein der Materialwert des Goldes. Daher schmolzen sie alles, was sie an Goldgegenständen fanden, ein.

„Dann rollt die Fässer mit dem Rum an Deck! Morgen sind wir tot!“, ruft Morgan übermütig. Die rauen Gesellen lachen. Henry Morgan hat gewonnen. Jetzt werden ihm alle folgen. Er bittet die Kapitäne der anderen Schiffe zu einem Festessen an Bord der *Oxford*. Schweinehälften werden gebraten, Weinkrüge machen die Runde. Ein Raubzug gegen Cartagena – das muss gefeiert werden! Auch auf den anderen Schiffen geht es hoch her. Achthundert Männer trinken sich Mut an, bis kaum noch einer aufrecht steht. Und dann – mitten in Morgans rauschendem Fest – zerreißt eine gewaltige Explosion die Luft. Die vordere Pulverkammer der *Oxford* zerbirst mit einem ohrenbetäubenden Knall. Ein riesiger Feuerball steigt auf. Zersplitternde Schiffsplanken und schreiende Menschen fliegen durcheinander.

Alle an Bord wissen sofort, was passiert sein muss: Ein Funke ist in die Pulverkammer geflogen. Ein einziger Funke genügt schon, um solch eine Katastrophe auszulösen. Die Luft in den Pulverkammern ist hochexplosiv. Deshalb werden die Kammern Tag und Nacht streng bewacht. Jeder Matrose, der Pfeife rauchend unter Deck erwischt wird, muss damit rechnen, wegen seines Leichtsinns ausgepeitscht zu werden. 39 Peitschenhiebe, danach hängt die Haut in Fetzen. Die Pulverkammern sind der schwache Punkt auf jedem Kriegsschiff.

Wenige Minuten nach der Explosion steht das ganze Schiff lichterloh in Flammen. Dann folgt die nächste Explosion. Das Feuer hat die zweite Pulverkammer erreicht. Diese Erschütterung ist noch schrecklicher als die erste. Holz und Metallsplitter durchsieben das Schiff und reißen den Bauch der *Oxford* auf. Das stolze Schiff zerbricht in mehrere Teile. Was von der *Oxford* noch übrig ist, sinkt auf den Grund des Meeres.

Dass Henry Morgan die Explosion der *Oxford* überlebt, macht ihn bei seinen Männern „unsterblich“.

Ich saß mit den anderen zu Tisch, als der Hauptmast zerbarst und auf die beiden Kapitäne Aylett und Bigford fiel und ihnen die Schädel zertrümmerte. Ich wurde dadurch gerettet, dass ich mich unter den Kreuzmast flüchtete.

Schiffsarzt Richard Brown, der mit Morgan auf der *Oxford* tafelte

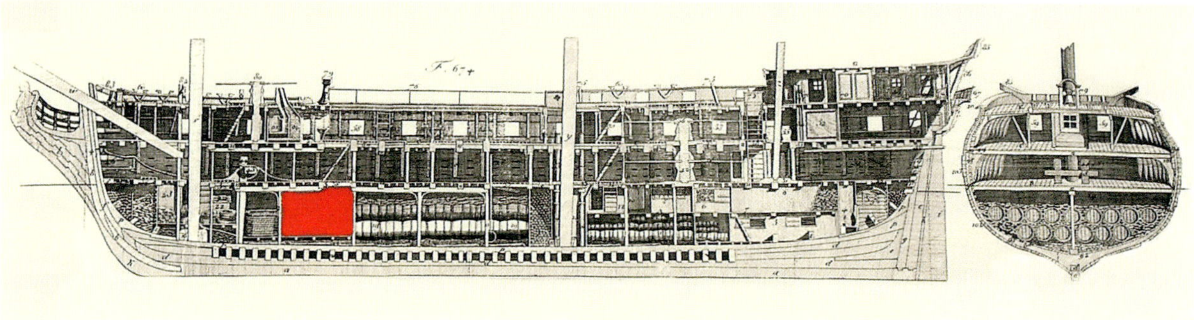

Ein Längs- und Querschnitt durch den Bauch der *Oxford*, der die Lage der Pulverkammern zeigt. Als sie explodieren, sterben als Erstes gefangene Franzosen, die Morgan im Laderaum in Ketten gelegt hat.

Haben die Wachmänner während des Trinkgelages an diesem 2. Januar 1669 heimlich ihre Posten verlassen? Stand die Tür der vorderen Pulverkammer offen? War es ein fliegender Funke, der durch einen unglücklichen Zufall in die Kammer schwirrte, als man im Laufe des Festes die Kanonen zum Salut zündete? Oder waren es ein paar in Feststimmung abgefeuerte Pistolenschüsse? Hinterher ist niemand mehr am Leben, der sagen kann, was passiert ist.

Verletzte Seeleute treiben überall im Meer. Ein Schreien und Wehklagen. Kaum einer kann schwimmen. Die Männer rudern verzweifelt mit den Armen, um sich über Wasser zu halten. Manche klammern sich an brennende Schiffsteile. Und der Anführer? Wo ist ihr Anführer?

Henry Morgan ist von der ersten Druckwelle ins Meer gefegt worden. An einen Eichenbalken aus dem Bug seines Schiffes geklammert, sieht er seinen Lebenstraum in Flammen aufgehen: das stolze Schiff, das ihm der König anvertraut hat, und seine brennenden, ertrinkenden, verwundeten, schreienden Gefolgsleute.

Henry Morgans Entsetzen ist unbeschreiblich. Am liebsten würde er mit den Trümmern der *Oxford* auf den Meeresboden sinken. Es kommt zu weiteren Explosionen. Das Feuer greift auf die Schiffe über, die neben der *Oxford* ankern. Auch hier sind die Pulverkammern gefüllt. Henry Morgan wird von einem umherfliegenden Trümmerteil am Kopf getroffen. Ist das jetzt das Ende? Nein. Es geschieht das, was immer passiert, wenn Henry Morgan mit dem Rücken zur Wand steht. Wieder einmal hat er unverschämtes Glück: Er springt dem Tod noch einmal von der Schippe.

Morgan kämpft sich auf Île à Vache an Land und versammelt die überlebenden Männer um sich. Dann erklärt er ihnen kaltblütig, dass er aufgrund der Ereignisse seine Pläne geändert habe. Sie würden nun statt Cartagena Maracaibo angreifen, eine Stadt, die weni-

Schwarzpulver

Die Schwachstelle eines jeden Kriegsschiffes sind die Pulverkammern, denn das dort lagernde Schwarzpulver ist hochexplosiv. Es besteht zu 10 Prozent aus Schwefel, zu 15 Prozent aus Holzkohle und zu 75 Prozent aus Salpeter. Nur mit Filzpantinen dürfen die Seeleute die Pulverkammern betreten. Denn wer mit seinen mit Eisennägeln zusammengenagelten Schuhen auf ein Metallteil tritt, kann bereits einen Funken schlagen, der eine Explosion auslöst. Bis Mitte des 19. Jahrhunderts ist Schwarzpulver das einzig bekannte Sprengmittel. Es kommt als Treibmittel in Handfeuerwaffen und Kanonen zum Einsatz. Das Schwarzpulver wurde bereits im 8. Jahrhundert in China erfunden. Heute wird es vor allem für Feuerwerkskörper verwendet.

ger stark befestigt ist. Immerhin: Er befehligt immer noch fünfhundert Männer auf einer Flotte von fünf Schiffen.

Zweihundert Tote treiben unterdessen in der Bucht, etliche Männer sind schwer verletzt. Auf die meisten wartet ein qualvolles Sterben, denn ihre Wunden können nicht angemessen versorgt werden. Von der *Oxford* haben außer Henry Morgan nur fünf Männer und vier Schiffsjungen das Unglück überlebt.

Morgan gibt den Befehl, nach den umhertreibenden Leichen zu fischen, aber nicht, um sie zu bestatten, sondern um ihnen die Kleider abzunehmen und ihnen die aufgequollenen Finger von der Hand zu schneiden: Nur so kann man ihnen die goldenen Ringe abziehen, mit denen sich die Piraten gern schmücken. Danach überlässt man die gefledderten Leichen den Haien.

Die unbeschädigte *Satisfaction*, auch ein stattliches Schiff mit vielen Kanonen, wird Morgans neues Flaggschiff. Sobald Wind aufkommt, segeln sie davon. Delfine durchbrechen die Wasseroberfläche. Die freundlichen Tiere schwimmen der Flotte voraus. Und nicht ein einziges Mal blickt Kapitän Morgan zurück.

Henry Morgan ist bald mächtiger als vor der Katastrophe. Er fügt den Spaniern in Mittelamerika so großen Schaden zu, dass Spanien kurz davor ist, England den Krieg zu erklären. Als „leibhaftigen Teufel" bezeichnet man ihn, als „Fluch der Karibik". An die *Oxford* verschwendet Morgan kaum einen Gedanken. Morgan ist einer, der nach vorn blickt, nie zurück.

350 Jahre lang ruht das Schiff versunken am Grund des Meeres. Die Stelle, an der es untergegangen ist, ist längst in Vergessenheit geraten.

Und das wäre bis heute so, wenn der deutsche Wracktaucher und Dokumentarfilmer Rick Haupt im Jahr 1999 nicht einen Filmauftrag bekommen hätte, der ihn auf die alte Pirateninsel Île à Vache bringt. Durch puren Zufall macht er dort während eines Tauchgangs einen Fund, der ihn in das Abenteuer seines Lebens hineinzieht. Ein Abenteuer, bei dem er alles riskiert, was er besitzt: sein Boot, all sein Geld und sogar sein Leben.

2 c)

Kanonen im Riff

>>> **Rick Haupt** soll für einen Fernsehsender die *Bluenose* finden, ein kanadisches Schiff, das vor ungefähr 50 Jahren vor Île à Vache im Meer versank. Über die Suche und – wenn möglich – den Fund des Wracks der *Bluenose* soll der sportliche Profitaucher und erfahrene Regisseur einen Dokumentarfilm für den Discovery Channel drehen. Ein Routineauftrag für Rick Haupt und seine Frau Sylvia Krüger: Seit vielen Jahren sind die beiden als Wracktaucher im Einsatz. Ihre bis dahin spektakulärste Expedition: der Fund der beiden verschollenen Schiffe *Erebus* und *Terror,* mit denen der berühmte Arktisforscher John Franklin am 19. Mai 1845 mit 129 Mann Besatzung aufgebrochen war, um die Nordwestpassage zu durchfahren. Eine Expedition, auf der Franklin, alle Männer und beide Schiffe auf rätselhafte Weise verschwanden. Rick Haupt entdeckte Überreste von Franklins Schiffen in der Nähe der Insel O'Reilly's Island.

Ihr neuer Auftrag führt sie nun also wieder einmal in die Karibik. Von Jamaika machen sich Rick und Sylvia mit einem erprobten Team und 52 Kisten Filmmaterial und Ausrüstung auf zwei schwer beladenen Booten bei strahlend blauem Himmel in Richtung Haiti auf den Weg.

Unten links: Rick Haupt, daneben Sylvia Krüger und tatendurstige Crewmitglieder auf Jamaika

Unten: Kanadische Briefmarke mit der *Bluenose* als Motiv. Das berühmte Fischereischiff, das damals das größte Segel der Welt besaß, gewann 17 Mal in Folge den begehrten „Fisherman's Cup".

Rick Haupt

Rick Haupt wird am **3. August 1950** in Oberwarmensteinach nahe Bayreuth geboren. Nach einer Lehre zum Hotelfachmann zieht er **1980** nach Barbados, um dort ein Hotel zu eröffnen. Jede freie Minute widmet er dem Wracktauchen. **1985** kann er erste Filme von der Welt unter Wasser verkaufen. **1990** zieht er nach Kanada und unternimmt zahlreiche Expeditionen. Eine enge Zusammenarbeit mit dem Discovery Channel beginnt. **1997** Suche nach John Franklins verschollenen Schiffen *Erebus* und *Terror* in der Arktis **1999** Expedition nach Haiti. Sein Auftrag: Er soll das Wrack der legendären *Bluenose* finden, dem schnellsten Segelschiff der 1940er-Jahre. **2005–2009** Planung und Entwicklung eines maritimen Forschungszentrums für die Universität von Trinidad **2011–2013** Produktion der Dokumentation *Tobago 1677* über eine legendäre Schlacht in der Karibik. Weitere Filmprojekte führen Rick Haupt bis **2016** immer wieder hierher.

Rick freut sich auf die Suche nach der *Bluenose* – dem Schiff, das auf der Rückseite der kanadischen 10-Cent-Münzen und auch auf Briefmarken abgebildet ist. Ein Segelschiff voller Kraft und Eleganz, das fast jedes Rennen gewann, an dem es je teilnahm, bis es in der Nacht zum 28. Januar 1946 in einem der furchterregenden karibischen Stürme fernab der Heimat auf ein Riff lief und unterging. Seine Dokumentation wird in Kanada auf großes Interesse stoßen.

Kaum lassen Rick Haupt und sein Team die palmenreiche Insel Jamaika hinter sich, ziehen Wolken auf. Es fängt an zu regnen, der Himmel verdunkelt sich, man sieht kaum die Hand vor Augen. Ohne Vorwarnung finden sie sich in einem der wütenden karibischen Stürme wieder, die auch der *Bluenose* zum Verhängnis wurden. Nur wenige Minuten später sind die Wellen auf bis zu sieben Meter angewachsen. Mit ungeheurer Wucht bläst ihnen ein orkanartiger Wind entgegen. Sie können den Kurs nicht halten, werden von den Wellen bald hierhin, bald dorthin geworfen.

So etwas hat selbst Rick noch nicht erlebt. Es ist, als hätten sich alle Elemente dagegen verschworen, dass er auf die alte Pirateninsel gelangt. Irgendwann legt sich der Sturm doch noch, und sie schaffen es mit Müh und Not, wieder auf Kurs zu kommen. Nach stundenlanger Irrfahrt kommt endlich Île à Vache in Sicht.

Bevor Rick Haupt und seine Crew in eine der einladenden Buchten der alten Pirateninsel einfahren können, müssen sie in möglichst großem Abstand das lang gestreckte, gefährliche Mad Reef

Alles verändert sich. Das Wasser wird so dunkel, und am Himmel sieht man eine Art blaugelbliche Farbe aufziehen. Man denkt, man ist mitten in der Hölle.

Rick Haupt

passieren, das die Insel umgibt. Das „verrückte Riff", wie es übersetzt heißt. Henry Morgan hat seinen Schlupfwinkel mit Bedacht gewählt. Die gesamte Insel ist von Untiefen und Korallenriffs umgeben. Ein Riff ist ein Hügel unter Wasser, der im Laufe von vielen Jahrhunderten durch Korallentiere entstanden ist. Es hat spitze scharfe Zacken, die dem Rumpf eines Schiffes sehr gefährlich werden können – vor allem dann, wenn das Schiff aus Holz besteht.

Nur durch wenige Einfahrten kann man heil auf die Insel gelangen. Wer sich in diesen Gewässern nicht auskennt, ist verloren, denn ein Riff kann man vom Schiff aus nicht gut erkennen, bei Nacht überhaupt nicht. Wer in voller Fahrt auf die Insel zufährt, dem reißen die messerscharfen, gezackten Korallen den Schiffsbauch auf, gerade so, als würde man in eine Kettensäge hineinfahren. Rick Haupt und seine Crew passieren entlang des Riffs mehrere Wracks, die aus dem Wasser ragen – vor wenigen Jahren in Seenot geratene Frachter. Das Seewasser hat ihnen hässliche Löcher in den rostigen Rumpf gefressen. Wie Skelette sehen sie aus. Auch das Wrack der *Bluenose* wird an diesem Riff vermutet. Sie haben zwei Wochen Zeit, es zu finden.

Zahllose heftige Stürme bedrohen jedes Jahr von Juni bis November die Karibik. Sie sind der wahre Fluch für die dort lebenden Menschen: Fischerboote kentern, Häuser und Wälder und sogar Korallenriffs werden zerstört.

Am Morgen nach dem Sturm beginnen die Taucher um Rick Haupt sofort mit der Suche. Die Tauchausrüstung wird auf ihre Funktionstüchtigkeit überprüft, dann fahren sie raus zum Mad Reef. Sie haben eine Karte, auf der ziemlich genau markiert ist, an welcher Stelle die *Bluenose* untergegangen ist. Rick Haupt weiß: Die Suche nach einem Wrack ähnelt stets einem Glücksspiel. Er hat schon oft genug erlebt, dass er genau wusste, wo ein Wrack untergegangen war, er es aber trotzdem nicht finden konnte. Die See ist unaufhörlich in Bewegung, Strömungen und heftige Stürme können die Reste eines Wracks um mehrere Meter verschieben. Sie müssen nur 20 Meter danebenliegen, dann bleibt das Wrack verborgen. Im Normalfall müssen die Wracktaucher daher ein ziemlich großes Gelände absuchen, müssen zahllose Tauchgänge machen, bis sie etwas finden. Darauf stellt sich die Crew auch am Mad Reef ein.

Wracks können zur Gefahr für andere Schiffe werden. Allein im Bereich der Südküste Haitis und von Île à Vache sind 500 Wracks gemeldet.

Beim zweiten Tauchgang passiert etwas Unerwartetes. Die starke Strömung am Riff hat das kleine Boot leicht abgetrieben. Als sich die Taucher rückwärts ins Wasser fallen lassen, stoßen sie beinahe gegen zwei Kanonen, die steil aus dem Riff aufragen. Große Kanonen! Uralte! Ein atemberaubender Anblick. Die ganze Crew gerät in helle Aufregung. Irgendwo in der Nähe muss ein altes Schiffswrack liegen! Nicht die *Bluenose*, ein viel älteres! Und in dem Moment fängt der Name Henry Morgan in Rick Haupts Kopf an zu spuken. Natürlich weiß Rick, dass Morgan auf Île à Vache seinen Schlupfwinkel hatte, dass das Gerücht geht, er habe auf der Insel Gold- und Silberschätze vergraben, dass Morgan hier mehrere Schiffe verloren hat. Sollte sich hier am Mad Reef eines davon befinden?

Sie bilden Gruppen und suchen Quadratmeter für Quadratmeter das Riff ab. Rick Haupt ist in dem Team, das an der Seeseite des Riffs taucht. Und was er dann durch seine Taucherbrille sieht, nimmt ihm regelrecht den Atem: Entlang des Riffs liegt ein Wrack neben dem anderen auf dem Meeresboden. Ein Frachter aus dem späten 18. Jahrhundert neben einer modernen Jacht, etwas weiter die Reste einer Galeone aus dem 16. Jahrhundert, und zwischendurch ragen immer wieder weitere Kanonen auf. Rick Haupt und sein Team sind auf einen Schiffsfriedhof ungeheuren Ausmaßes gestoßen.

Alle im Team wissen, dass sie an etwas Großem dran sind. An etwas sehr Großem. Keiner denkt mehr an die *Bluenose,* alle suchen fieberhaft nach weiteren Kanonen. Schließlich ruft Rick die Taucher und auch sich selbst zur Ordnung. Sie müssen zunächst ihren Auftrag erledigen, müssen die *Bluenose* finden, feststellen, was von ihr übrig geblieben ist, und ihre Filmaufnahmen machen. Dann erst dürfen sie sich anderen Dingen zuwenden. Das sehen alle ein.

Wracktauchen in warmen Gewässern heißt, man sucht nach Gegenständen aus Metall, Glas, Keramik, Stein, nach Münzen, Schmuck, Gold und Silber, nicht nach ganzen Schiffen. Alles Holz, woraus die alten Schiffe ja zum größten Teil bestanden, wird im Laufe von wenigen Jahrzehnten von Bohrwürmern aufgefressen. Auch die *Bluenose* war aus Holz. Der Anker und den Motor der *Bluenose,* vielleicht noch ein paar Ausrüstungsgegenstände – darauf muss Rick Haupt die Suche beschränken.

Das Team macht sich hoch motiviert an die Arbeit. Nach wenigen Tagen haben sie gefunden, was von der *Bluenose* noch zu finden ist. Sie machen ihre Aufnahmen, und dann kann sich Rick Haupt endlich das Gebiet um die Kanonen herum näher ansehen. Sollte er hier tatsächlich auf Kapitän Morgans Schiffe gestoßen sein? Das wäre eine Sensation!

Sie wären nicht die Ersten, die danach suchen. Bei einer Suche nach Morgans Schiffen darf man jedoch nicht, wie auf anderen Tauchfahrten zu untergegangenen Schiffen, mit großen Reichtümern rechnen. Der alte Fuchs Morgan war viel zu clever, um seine Schätze auf seinen Schiffen zu bunkern. Schiffen konnte damals wie heute viel passieren. Etwa drei Millionen Wracks aus allen Zeiten der Geschichte vermutet man auf dem Meeresgrund. 3000 davon sind mit Schätzen beladen, für die sich die aufwendige und teure Bergung mehr als bezahlt macht. Rick kennt die Geschichte des Wracks der *SS Central America*, das 1987 mit Gold im Wert von 1,5 Milliarden US-Dollar in der Karibik gefunden wurde. Sie war mit dem Gold Tausender kalifornischer Goldsucher beladen, als sie 1857 sank.

Er hat alles über Robert D. Ballard und Jean-Louis Michel gelesen, die 1985 das Wrack der *Titanic* gefunden haben. Für Fundstücke von diesem legendären Schiff waren viele Menschen bereit, ein kleines Vermögen zu bezahlen. Noch mehr Geschichten als von erfolgreichen Wracktauchern kennt er jedoch von Wracksuchern, die über ihrer ergebnislosen Suche nach versunkenen Schätzen ver-

Piratenschiffe

Die Wracks berühmter Piratenschiffe wurden nur sehr selten gefunden: **1984** entdeckte der Amerikaner Barry Clifford vor Cape Cod in Massachusetts die *Whydah,* das einst stolze Schiff des Piraten Sam Bellamy. Das Schiff war im kalten Wasser des Atlantik gut erhalten. An Bord: zahllose Alltagsgegenstände, die uns heute Aufschluss darüber geben, wie die Piraten gelebt haben, aber auch Truhen randvoll mit Gold- und Silbermünzen. Die *Queen Anne's Revenge,* das Flaggschiff des berüchtigten Piraten Blackbeard, wurde **1996** von Mike Daniel vor der Küste North Carolinas wiederentdeckt. Er orientierte sich bei seiner Suche an den Aufzeichnungen eines der Matrosen Blackbeards.

zweifelt sind. Rick Haupt hat absolut nichts dagegen, einen Goldschatz zu heben. Aber bei der Suche nach Kapitän Morgans Schiffen geht es ihm um etwas anderes. Es ist die Sehnsucht, etwas aus der Zeit in Händen zu halten, von der er schon als Kind geträumt hat. Es ist eine Suche nach der Vergangenheit, als die Piraten die Karibik unsicher machten.

Rick und die Crew fahren mit ihrem kleinen Motorboot zum Schiffsfriedhof hinaus. Am Riff angekommen, taucht Rick hinab und stößt fast sofort auf eine kleine Messingkanone vom Heck eines Schiffs. Sie liegt in einer Sandkuhle und glänzt wie Gold, vom Sand ganz fein geschmirgelt. Andere aus dem Team finden Kugeln von Musketen, einer besonderen Art Pistolen. Die Kugeln sind aus Blei. Die Piraten haben sie selbst angefertigt. Damit steht fest: Hier liegt ein Schiff aus dem 17. Jahrhundert. Eine heiße Spur! Führt sie aber auch wirklich zu Henry Morgan?

Die Zeit läuft ihnen davon. Sie müssen zurück nach Kanada. Sie sammeln einige Fundstücke, um sie zu Hause von Experten begutachten zu lassen, und verstauen sie vorsichtig im Gepäck. Allen im Team ist bei der Abreise klar, dass sie nichts auf der Welt davon abhalten wird, an diesen Ort zurückkehren.

Unten rechts: Die Korallenkruste, die sich im Laufe von Jahrhunderten über die Kanonen legt, wirkt wie eine schützende Hülle. Darunter kommen die Kanonen wie zum Zeitpunkt ihres Untergangs zum Vorschein.

Unten: Das Tauchteam legt ab, um zum Riff zu fahren.

Innerhalb von einer halben Stunde haben wir sieben oder acht Anker gefunden. Und ebenso viele Kanonen. Da ist unsere Phantasie natürlich mit uns durchgegangen.

Rick Haupt

3 c)

Spurensuche an Land

>>> **Die Begeisterung für Piraten** und Schatzsucher packt Rick Haupt schon als Kind. Sobald er lesen kann, stürzt er sich begierig auf alle Bücher über Abenteurer und Entdecker, die er nur finden kann. *Die Schatzinsel* von Robert L. Stevenson ist eines seiner Lieblingsbücher. Manchmal stellt er sich vor, dass es da draußen in der Welt irgendwo einen Schatz gibt, der darauf wartet, dass er – Rick und niemand sonst – ihn findet. Das Fernweh bricht schon sehr früh bei ihm aus. Besonders im Winter träumt er in seinem kleinen, von hohen Bergen umgebenen Heimatdorf im Fichtelgebirge von fernen Ländern, von exotischen Inseln, von langen weißen Stränden und türkisblauem Wasser. Mit 16 quält er sich durch die Hotelfachschule in Bayreuth. Hotels gibt es überall, hat er sich überlegt. Diese Ausbildung wird es ihm ermöglichen, die Welt zu sehen. Und seine Rechnung geht voll auf. Mit Anfang 30 hat er es geschafft: Er macht sein Hotel auf Barbados auf, das „South Ocean Sea“, mit weißen Mauern und roten Dachziegeln, von Palmen umgeben, unmittelbar am Meer gelegen. Er ist ein begeisterter Koch, das Restaurant des Hotels genießt bald einen exzellenten Ruf. Der Laden läuft richtig gut. Rick wäre wahrscheinlich noch heute auf Barbados in seinem schmucken kleinen Hotel, wenn er nicht mit dem Tauchen angefangen hätte.

Seine erste Tauchstunde im Ozean verändert sein Leben. Scheinbar schwerelos gleitet er durch das Wasser, eine Meeresschildkröte kreuzt seinen Weg. Er sieht Tausende in allen Farben schillernde Fische – Papageifische, Trompetenfische, Barrakudas –, wird von der geheimnisvollen Welt unter Wasser völlig in Bann gezogen. Dann taucht er mit seinem Lehrer einem großen, dunklen Schatten entgegen, und als sie näher kommen, er-

Unten: Der gerissene Pirat Long John Silver aus Robert Louis Stevensons Roman *Die Schatzinsel*

Wenn ich zu einem alten Wrack hinabtauche, kommt es mir immer so vor, als besuchte ich einen guten alten Freund.
Rick Haupt

Eine Grüne Meeresschildkröte und ein Schwarm Franzosengrunzer im Korallenriff. Für Rick Haupt bedeutet Tauchen „schwereloses Treiben im Glück".

kennen sie im klaren blauen Wasser die Überreste eines Frachters, der vor wenigen Jahren hier gesunken ist. Das Deck, die Treppe, die in den Frachtraum führt, die Brücke – wohin Rick auch blickt, das Wrack scheint zu neuem Leben erwacht zu sein. Meeresbewohner haben sich hier einen neuen Lebensraum geschaffen. Aus einem der Bullaugen glotzt ihn ein dicklippiger Grouper an, die Reling ist von Korallen und Schwämmen überwuchert. Rick ist von einer unbändigen Freude erfüllt. Entdeckerfreude. Er erliegt der Faszination des Wracktauchens. Von dem Tag an verbringt er nahezu seine gesamte Freizeit unter Wasser.

Von einem seiner Freunde, einem Fotografen, lernt er, mit einer Kamera umzugehen. So kommt er zur Filmerei. Er macht erste Filme von seinen Unterwassertrips, ein paar davon kann er ganz gut verkaufen. Und da weiß er, dass er die Aufgabe seines Lebens gefunden hat: Er möchte Wracks aufspüren, die Geschichten der Menschen, die einst auf diesen Schiffen fuhren, herausfinden, und Filme von der faszinierenden Welt unter Wasser drehen.

Wer in der Filmerei etwas werden will, der muss nach Nordamerika oder Kanada gehen. Genau das tut Rick Haupt. Er verkauft sein Hotel, zieht nach Kanada und macht sich bald einen Namen mit Dokumentarsendungen für den Discovery Channel.

Zu dem Zeitpunkt, als er auf die Kanonen im Riff vor Île à Vache stößt, weiß er längst, dass die Suche nach einem Wrack immer an Land beginnt. In Archiven, in denen sich alte Karten, Chroniken, Briefe und Augenzeugenberichte finden können, oder in Bibliotheken. Manchmal tauchen auch auf Dachböden alte Dokumente auf, die einem Wracktaucher weiterhelfen. Rick wird nachforschen, ob es Nachkommen von Henry Morgan gibt, die vielleicht Papiere des berühmten Freibeuters besitzen, alte Briefe oder Landkarten, die Hinweise auf die *Oxford* geben könnten.

Zu Hause angekommen, macht sich Rick sofort an die Arbeit. Er lässt die Fundstücke von Île à Vache von Fachleuten begutachten und beginnt mit der Recherche. Er kann sein Glück kaum fassen, als er auf ein Buch aus dem Jahr 1678 stößt, das Licht in die Ereignisse um Henry Morgan bringt. Unter den Männern, die dabei waren, als die *Oxford* unterging, war ein Mann, der – ungewöhnlich für einen Seemann dieser Zeit – des Schreibens mächtig war. Sein Name: Alexandre Olivier Exquemelin. Er war Arzt auf der *Oxford*. Rick Haupt vertieft sich in dessen Augenzeugenbericht von Henry Morgans Raubzügen und lernt, dass der Alltag eines Piraten ganz anders war als die Vorstellung, die er sich bis dahin davon gemacht hat.

Meist ist es nacktes Elend, das einen Mann dazu treibt, sich den Piraten anzuschließen, schreibt Alexandre Olivier. So besteht manche Piratenmannschaft zu einem Drittel aus entflohenen Sklaven. Es genügt, zur falschen Zeit am falschen Ort zu sein, um seine Frei-

Alexandre Olivier Exquemelins Buch *Die amerikanischen Seeräuber,* hier das Titelblatt des holländischen Originals *De Americaensche Zee-Rovers,* das 1678 in Amsterdam erschien

Alexandre Olivier Exquemelin

1666 wird der Holländer Alexandre Olivier Exquemelin von der französischen Westindien-Kompanie als Knecht auf die Karibikinsel Tortuga entsandt. Als die Kompanie finanziell ruiniert ist, verkauft sie ihre Angestellten als Sklaven. Exquemelins erster Herr misshandelt ihn schwer. Mit seinem zweiten Herrn hat er dann großes Glück: Er behandelt ihn gut, bringt ihm Lesen und Schreiben bei und entlässt ihn gegen die Zahlung von 150 Peseten in die Freiheit. Exquemelin schließt sich den Piraten an. Nach seiner Rückkehr nach Holland beschreibt er ausführlich das Leben auf Tortuga und Hispaniola, die Landschaft und die Tierwelt, die Lebensweise der Piraten und die Beutezüge, an denen er unter wechselnden Kaperkapitänen teilgenommen hat. Der **1678** auf holländisch verfasste Augenzeugenbericht ist bis heute die wichtigste Quelle über die Piraten der Karibik.

Gott gebe, dass der Teufel Euch vor Eurem Ende so quält, wie Ihr es mit mir getan habt.

Letzte Worte eines Sklaven, der von seinem Herrn zu Tode geprügelt wurde

Oben: Sklaven wurden brutal zur Arbeit gezwungen.

Oben rechts: Eine Pressgang überwältigt Männer unweit des Hafens von London, um sie an Bord eines Schiffes zu schleppen.

heit zu verlieren und von skrupellosen Händlern auf einem Sklavenmarkt verkauft zu werden. Nicht selten werden Sklaven schon für kleinste Vergehen von ihren Herren mit der Lederpeitsche zu Krüppeln geschlagen.

Ihnen bleibt nur der Weg zu den Piraten, um dieser Hölle zu entkommen. Auch Alexandre Olivier schuftet sechs Jahre lang als Sklave. Nur knapp überlebt er die Qualen der Sklaverei. Sein erster Herr prügelt ihn fast zu Tode. Als er fürchten muss, dass sein Sklave an den schweren Misshandlungen stirbt, verkauft er ihn rasch weiter. Exquemelins zweiter Herr ist ein Arzt, der ihn gesund pflegt und der dem Wissbegierigen vieles beibringt, was ihm später unter den Piraten große Anerkennung verschaffen wird: die Behandlung von Wunden und auch das Schreiben. Nach einem Jahr Sklavendienst kann er sich von diesem gütigen Herrn freikaufen. Bezahlen muss er erst, wenn er das Geld zusammen hat. 150 Peseten! Irgendwie muss es ihm gelingen, dieses Vermögen aufzutreiben. Die Schulden bringen Exquemelin zu den Piraten.

Andere Piraten waren zuvor Matrosen auf einem Handelsschiff. Wird ein Handelsschiff überfallen, schließt sich die Mannschaft meist liebend gern den Angreifern an, um ihrem freudlosen Leben zu entkommen. Viele Seeleute auf Handels- oder Kriegsschiffen dieser Zeit sind nicht freiwillig an Bord. Man hat sie an Land mit billigen Tricks dazu gezwungen, auf dem Schiff, auf dem sie nun fahren, Dienst zu tun. Sie wurden in einer Kneipe betrunken gemacht und wachten anderntags völlig benommen auf hoher See auf. „Schanghaien" nennt man diesen hinterhältigen Menschenraub, vor dem sich kein Mann in einer Hafenstadt schützen konnte.

Auf den Schiffen der Zeit teilen sie sich mit den anderen in erster Linie Mangel: Mangel an Nahrung, an Trinkwasser, an einem Ort für sich allein, an Zerstreuung – an allem. Nur an einem herrscht nie Mangel: an der Grausamkeit der brutalen Kapitäne. Nach einer erfolgreichen Enterung knöpfen sich Piraten, die zuvor an Bord von Kriegs- oder Handelsschiffen schlechte Erfahrungen machen mussten, stets als Erstes den Kapitän des Schiffes vor und peitschen ihn erbarmungslos aus. Es trifft bestimmt nicht den Falschen.

Wer sich sonst noch den Piraten anschließt? Glücksritter auf der Suche nach schnellem Reichtum, entlaufene Mönche, verarmte Adlige, Diebe und Mörder oder andere Verbrecher, die an Land wegen eines Vergehens gesucht werden. Zusätzlich zwingen die Piraten Männer mit besonderen Fachkenntnissen, die an Bord dringend benötigt werden, in ihre Dienste: Ärzte, Steuermänner, Schiffszimmerleute, die ein Schiff reparieren können, Kanoniere und ausgebildete Seeleute, die sich mit der Navigation auskennen.

Die Piraten wählen einen Mann aus ihrer Mitte zum Anführer. Der kann sich nicht erlauben, seine Leute so zu erniedrigen wie die Kapitäne auf Handels- oder Kriegsschiffen, denn sonst wird er ganz schnell wieder abgewählt oder auf einer einsamen Insel ausgesetzt.

Wohin ein Raubzug gehen soll, bestimmen alle gemeinsam.

Es liegt auf der Hand, dass diese bunt zusammengewürfelte, teilweise aus Kriminellen bestehende Gesellschaft verbindliche Regeln für ihr Zusammenleben braucht, damit es in der Enge eines Piratenschiffes keine Reibereien gibt. Alle

Der Verhaltenskodex der Piraten sieht vor, dass fair gegeneinander gekämpft wird. Wer einen Kameraden aus dem Hinterhalt überfällt oder gar in den Rücken schießt, wird an den Mast gebunden und selbst erschossen.

Alle sind einander überaus treu und stets hilfsbereit. Steckt einer von ihnen in Schulden, so helfen ihm die anderen aus und strecken ihm das Geld vor.

Alexandre Olivier Exquemelin

Männer, die unter der schwarzen Flagge eines Piratenschiffs fahren, müssen daher den sogenannten Piratenkodex unterzeichnen, in dem die Rechte und die Pflichten eines jeden klar aufgelistet werden. Jede Art von Fehlverhalten wird hart bestraft.

Wer beispielsweise versucht, wegzulaufen, wird mit einer Pulvertasche, einer Flasche Wasser und einer Pistole auf einer Insel ausgesetzt.

Aber auch Entschädigungsfragen sind durch den Piratenkodex geregelt. Wer sich den Piraten anschließt, ist im Falle einer ernstzunehmenden Verletzung oder gar einer Verstümmelung gut versorgt: Beim Verlust des rechten Arms gibt es 600 Peseten oder sechs Sklaven, beim Verlust des linken Arms 500 Peseten oder fünf Sklaven. Hat man ein Auge verloren, erhält man ebenso viel wie für einen verlorenen Finger, nämlich 100 Peseten oder einen Sklaven. Bei einer eitrigen Wunde im Leib wird man mit 500 Peseten oder fünf Sklaven entschädigt.

Diese Regel ist ihrer Zeit weit voraus. Es ist eine Art Arbeitsunfähigkeitsversicherung, womöglich die Erste der Geschichte. Die Aufteilung der Beute erfolgt, nachdem die Verwundeten ihr Schmerzensgeld erhalten haben. Keiner darf sich während des Kampfes heimlich etwas in die Tasche stecken.

Ein solcher von Henry Morgan selbst geschriebener Kodex ist bis heute erhalten: Die *Articles of Agreement* werden im Archivo General de Indias in Sevilla aufbewahrt.

Piratencrew

Kapitän: Befehligt ein Schiff.
Quartiermeister: Legt die Essensrationen fest, teilt die Arbeit ein, teilt Munition zu und verteilt die Beute gemäß einer genauen Aufstellung.
Erster Maat: Übernimmt die Vertretung des Kapitäns.
Bootsmänner: Seeleute mit Verantwortung für einen speziellen Bereich wie die Takelage.
Schiffszimmermann: Hält das Schiff instand.
Kanoniers: Helfen beim Laden einer Schiffskanone.
Kanonenschützen: Bedienen die Kanonen.
Arzt: Kuriert Kranke und Verletzte.
Matrosen: Erfahrene Seeleute
Schiffsjungen: Junge Kerle, die an Bord helfen.

Ein Pirat geht über die Planken. Es gibt nur einen dokumentierten Fall, bei dem diese Strafe tatsächlich vollzogen wurde. Meist wurden Menschen, die mit dem Tod bestraft werden sollten, einfach über Bord geworfen.

Abgesehen von dieser fortschrittlichen Regelung ist das Leben auf einem Piratenschiff genauso hart und unbequem wie auf jedem anderen Segler dieser Zeit. Die Lebensmittel verderben schnell, das Trinkwasser wird bald brackig. Sauberkeit finden die Piraten überflüssig, an ihre Flöhe und Läuse sind sie gewöhnt. Wasser zum Waschen gibt es für die Mannschaft erst gar nicht – nach Monaten auf See stinkt es selbst auf dem Oberdeck an der frischen Luft.

Auf allen Schiffen reisen Mäuse und anderes Ungeziefer mit: Giftspinnen und Skorpione zum Beispiel, die mit dem Feuerholz an Bord gelangt sind. Die schlimmste Plage aber sind Ratten. Nicht hunderte – tausende! Sie machen sich über die Vorräte her, nagen Löcher in den hölzernen Rumpf des Schiffes, knabbern die Seile, die Segel und manchmal auch die Seeleute an. Schlimmstenfalls kommt mit den Ratten die Pest an Bord.

Das Essen besteht meist aus einem steinharten Schiffszwieback aus Wasser, Mehl und Schweineschmalz und an guten Tagen etwas getrocknetem Fleisch. Nicht selten wird der Zwieback von Kornkäfern befallen und wimmelt dann von schwarzen Maden. Nur wenn die Piraten Schildkröten oder Fische fangen oder eine spanische Siedlung überfallen, in der sie den Bauern das Vieh stehlen, gibt es Frischfleisch.

Ratten fanden in den Frachträumen der Schiffe viel Nahrung. Während der Überfahrt von der Karibik nach Europa wurden auf einer einzigen spanischen Galeone einmal 4000 Ratten getötet.

Zu trinken gibt es etwa einen Liter Wasser pro Mann, das, je länger die Reise dauert, desto fauliger wird. Die Piraten dürfen aber Bier und Rum in großen Mengen trinken. Diese Getränke sind weitaus gesünder als das verdorbene Wasser, was an der keimtötenden Wirkung von Alkohol liegt. Außerdem lässt sich leicht benebelt vom Alkohol das harte Leben besser ertragen.

Aber Exquemelin schreibt auch über die große Kameradschaft unter Morgans Männern. Sie sehen einander als Brüder an. Es spielt keine Rolle, aus welchem Land ein Pirat stammt oder was für eine Hautfarbe er hat. Es ist egal, ob er aus guten oder ärmlichen Verhältnissen stammt oder wie viel Bildung er genossen hat. Auf einem Piratenschiff sind alle gleich. „Brüder der Küste" – so nennen sich die Seeräuber der Karibik.

Nach jedem erfolgreichen Raubzug legen sie in ihren Schlupfwinkeln Ruhezeiten ein, um die Schiffe auszubessern und die Vorräte aufzustocken. Auf Inseln wie Tortuga oder Jamaika, paradie-

Harte Strafen

Bei Ungehorsam und Verstößen gegen die Regeln an Bord eines Schiffes gibt es drakonische Strafen wie die folgenden:

Prügelstrafe: Dabei kommt häufig die „neunschwänzige Katze" zum Einsatz, eine Peitsche mit neun Lederschnüren.

Aussetzen: Auf einer einsamen Insel ohne Lebensmittel und Trinkwasser.

Kielholen: Der Seemann wird mit den Füßen an ein Tau gebunden und mit dem Kopf nach unten an der Rahe, dem Hauptmast, hochgezogen, wo er einige Augenblicke hängt. Danach wird er dreimal unter dem Schiff durchgezogen, vorzugsweise dicht am mit Muscheln bewachsenen Schiffsbauch, wo ihm die scharfkantigen Muscheln schwere Fleischwunden zufügen. Die meisten Opfer sterben dabei.

Die Flaggen der Piraten wurden mit Todessymbolen versehen. Beliebt war neben gekreuzten Knochen und Schädeln auch das Stundenglas. Die Zeit, die euch verbleibt, ist kurz, sollte es sagen. Sterbt oder gebt auf! Viele Mannschaften ergaben sich kampflos.

sischen Fleckchen Erde, lassen sie es sich gut gehen. Die Männer lieben es, mit dicken Goldketten und glitzernden Ringen aus ihren Beutezügen zu protzen. Klotzige Gürtelschnallen, schwere Schwertgehänge, seidene Strümpfe und goldene Ohrringe – Piraten putzen sich heraus wie heute nur die Popstars. Als würden sie jeden Tag das Leben und sich selbst feiern.

Die Zeit an Land wird von den Schiffszimmerleuten genutzt, um Schäden an den Schiffen auszubessern. In warmen Gewässern ist das Holz der Schiffe leicht in Gefahr zu faulen oder vom gefürchteten Schiffsbohrwurm durchlöchert zu werden.

Die Piraten achten aber auch in der Zeit an Land darauf, dass ihre Waffen stets einsatzbereit sind. Jeden Tag treten sie zum Übungsschießen an.

Henry Morgan segelt unter der englischen Flagge. Er würde empört von sich weisen, dass er ein Pirat ist. Er ist ein Freibeuter, ein treuer Gefolgsmann seines Königs. Ein Freibeuter ist ein Pirat mit königlicher Erlaubnis, ja eigentlich sogar königlichem Auftrag zum Rauben, Morden und Plündern. Der König garantiert dem Freibeuter in einem Kaperbrief für all seine Schandtaten und Verbrechen Straffreiheit. Im Gegenzug bekommt der König seinen Anteil an Morgans Beute. Da Amerika von den Spaniern „entdeckt" worden ist, beanspruchen die Spanier alles, was sie auf dem Kontinent an wertvollen Dingen finden, für sich. Die

Die Crew eines überfallenen Schiffes schließt sich gern den Piraten an. Bei den „Brüdern der Küste" erwartet sie Freiheit und Reichtum.

Piraten – Freibeuter – Bukanier

Das Wort „Pirat" stammt aus dem Altgriechischen: *Peiratés* bedeutet Angreifer. Ein Freibeuter ist ein Pirat, der mit einem Kaperbrief seines Herrschers ausgestattet ist, also die Lizenz zum Stehlen hat. Der Kaperbrief garantiert Straffreiheit. Der Freibeuter erhält Schutz und Unterstützung durch seinen Herrscher. Das niederländische Wort *vrijbuite* wird von den Franzosen zu *flibustier* gemacht, von den Engländern zu *filibuster* und von den Spaniern zu *filibustero*. Korsar ist ein anderes französisches Wort für Freibeuter. Es leitet sich aus dem römischen Wort *cursus* ab, was „Fahrt zur See" bedeutet.
Bukanier ist der Name, den sich die aus Frankreich stammenden Karibikpiraten ab 1630 selbst geben. Die von der Gesellschaft Ausgestoßenen schlagen sich, immer auf der Suchen nach Essbarem, auf einsamen Inseln durch. Von den Indianern lernen sie, Fleisch durch Räuchern haltbar zu machen. *Bucan* nennen die Indianer das Verfahren. Davon leitet sich der Name „Bukanier" ab.

Schätze aus der Neuen Welt haben den spanischen König Karl II., genannt El Hechizado – der Verhexte –, zum mächtigsten Mann der Welt gemacht. Der englische König kann durch Henry Morgan seine Schatzkammern füllen und gleichzeitig den Spaniern großen Schaden zufügen, ohne offiziell einen Krieg mit ungewissem Ausgang gegen sie zu führen.

Rick und seine Frau Sylvia, die Expeditionsfotografin ist, tauchen immer tiefer ein in das Leben von Henry Morgan. Bald hält es sie nicht mehr zu Hause an ihrem Schreibtisch in Kanada. Sie begeben sich auf eine Spurensuche, die sie zunächst nach Jamaika führt. Dort suchen Rick und Sylvia in der Stadt Spanish Town nach dem Anwesen Henry Morgans, auf dem der große Freibeuter um das Jahr 1660 lebte.

Johnny Depp als Captain Jack Sparrow in dem Piratenfilm *Fluch der Karibik* (USA 2003, Regie: Gore Verbinski). So wie er kleideten sich die „Brüder der Küste" wohl tatsächlich.

Anders als seine Männer, denen das erbeutete Geld und Gold zwischen den Fingern zerrinnt, die an Land mit dem Glücksspiel und mit den leichten Mädchen in wenigen Stunden ein Vermögen verjubeln, legt der clevere Morgan sein Geld in Ländereien an. Er besitzt ausgedehnte Zuckerplantagen, macht mit dem Zuckerhandel sogar noch mehr Gewinn als mit seinen Raubzügen. In seinem schönen Wohnhaus mangelt es an nichts. Sogar ein Schwimmbecken hat er sich anlegen lassen. Je mehr Rick Haupt über Morgan erfährt, desto mehr bewundert er ihn für seine strategische Denkweise und seinen Weitblick, für seine Unerschrockenheit und seine Kühnheit. Henry Morgan wird oft als Schrecken der Sieben Weltmeere bezeichnet. Das ist ganz falsch. Erstens ging er nur im Karibischen Meer seinem mörderischen Handwerk nach. Und zweitens verbuchte Henry Morgan seine größten Erfolge stets an Land, nicht auf dem offenen Meer. Es sind die haarsträubenden Ereignisse in der Bucht von Maracaibo und die Eroberung Panamas, die ihn zur Legende machten.

4

Maracaibo und Panama

>>> **Der Verlust der *Oxford*** und mehrerer Hundert Männer seiner Gefolgschaft können Henry Morgan nicht aufhalten – sie haben ihm nur ein neues Ziel gesteckt: Maracaibo. Der geniale Stratege stammt aus einer in ganz England hoch geschätzten Familie mit großer militärischer Tradition. Insbesondere seine beiden Onkel Edward und Thomas Morgan haben als Offiziere glanzvoll Karriere gemacht. Onkel Edward ist für seine Verdienste mit dem Gouverneursposten auf Jamaika ausgezeichnet worden. Henry Morgans Vater war in Wales ein biederer Landwirt – kein Vorbild für den abenteuerlustigen Henry, der lieber seinem berühmten Onkel nacheifert. Die königlichen Streitkräfte, bei denen Onkel Edward diente, sind allerdings nichts für ihn. Er ist nicht in der Lage, unsinnigen Befehlen zu gehorchen. Das hat er 1655 bitter lernen müssen, als er mit anderen Soldaten des Königs in die Karibik entsandt wurde, um den Spaniern die Insel Hispaniola abzuknöpfen. Durch schwerwiegende Fehlentscheidungen von unfähigen Offizieren fanden zweitausend englische Soldaten einen qualvollen und sinnlosen Tod. Der Rest floh Hals über Kopf nach Jamaika und nahm statt Hispaniola diese bedeutend kleinere Insel für den Kö-

April 1669: Morgan kämpft gegen die haushoch überlegenen Spanier am Eingang der Bucht von Maracaibo. Mit einer List vernichtet er die spanische Flotte.

Morgan rekrutiert Männer für seinen Angriff auf Panama.

nig in Besitz. Es war ein völliges Fiasko, das Morgan 1655 mitmachen musste. Die selbstverschuldete Niederlage erfüllt ihn immer noch mit kalter Wut. Er traut den Soldaten nicht einmal zu, Jamaika zu verteidigen. Dazu braucht es Männer von anderem Kaliber. Dazu braucht es Piraten. Er schließt sich ihnen an. Als ihr Anführer kann er am besten die Macht seines Königs und den Wohlstand seines Vaterlandes mehren. Er ist stolz auf seine Heimat, liebt das Fleckchen Erde, auf dem er aufwuchs. Seine herrliche Plantage in der Neuen Welt hat er nach seinem Geburtsort in Wales Llanrumney getauft.

Wenige Wochen nach dem Untergang der *Oxford*, im März 1669, nimmt er Kurs auf Maracaibo, eine Stadt im heutigen Venezuela – eine weitere reiche Handelsstadt in Spanisch-Amerika. Als er sich in langsamer Fahrt der Lagune nähert, wird er mit Geschützfeuer empfangen. Den ganzen Tag feuern die spanischen Wachposten von der Festung aus allen Rohren auf Morgans Schiffe, richten aber keinen Schaden an. Dann ist es plötzlich still. Ist den Spaniern das Pulver ausgegangen? Oder die Munition?

Die Piraten begeben sich an Land und sehen sich um. Weit und breit ist keiner, der auf sie schießen möchte. Die Spanier haben Angst vor ihnen. Das ist die einzig mögliche Erklärung. Morgans Männer klopfen sich lachend auf die Schenkel. Dann stürmen sie das verlassene Fort. Erst in letzter Minute bemerken sie die Falle. Die Spanier haben eine Lunte in die Pulverkammer gelegt. Gleich

England gegen Spanien

Das Verhältnis des protestantischen England zu seinem Erzfeind, dem katholischen Spanien, ist seit jeher spannungsgeladen. Seit die Engländer gegen den Willen der Spanier versuchen, in der Neuen Welt Fuß zu fassen, kommt es vermehrt zu Scharmützeln. Die Engländer siedeln sich auf der Insel Jamaika an und verteilen großzügig Kaperbriefe, um die Insel gegen die Spanier zu verteidigen und sich an der Ladung der spanischen Schatzschiffe zu bereichern. Piraten unterschiedlichster Nationalität machen daraufhin Jamaika zu ihrer Heimatbasis.

werden ihnen die mächtigen Mauern um die Ohren fliegen. Morgan erkennt gerade noch rechtzeitig die Lage, gibt den einzig richtigen Befehl, die Mauern der Kammer einzureißen, das Pulver aus dem Kastell zu schaffen und die Geschütze der Festung unbrauchbar zu machen. So rettet er seinen Männern das Leben. Dann marschiert er mit seiner rachlustigen Meute in die Stadt Maracaibo ein. Auch hier keine Gegenwehr. Nur ein paar alte gebrechliche Leute treffen sie an. Alle anderen Einwohner sind geflohen, haben die Stadt ihrem Schicksal überlassen. Die Seeräuber ziehen in die schönen, behaglichen Häuser der reichen Bürger rings um den Marktplatz ein, erklären die Kirche zu ihrem Hauptquartier, und dann machen sich Suchtrupps auf den Weg. Noch am gleichen Abend kehren sie mit dreißig Gefangenen zurück. Ein paar haben schon geplaudert. 50 Ballen mit erlesenen Waren türmen sich in der Kirche auf. Wer von den Gefangenen nichts zu sagen hat, wird gefoltert. Wer danach noch immer nicht das Versteck seiner Schätze preisgibt, dem wird erbarmungslos die Kehle durchgeschnitten.

Als sie Maracaibo ausgeplündert haben – Schätze im Wert von 500 000 englischen Pfund soll Morgan 1669 allein in dieser Stadt erbeutet haben –, ziehen sie weiter nach Gibraltar. Da wiederholt sich das grausige Geschehen. Die Folter wird immer brutaler. Morgans Männer rösten Menschen bei lebendigem Leib über einem Feuer. Andere Opfer binden sie an Pfähle. Tagelang müssen manche dort stehen und qualvollen Durst erleiden, den Hunger spüren sie schon nicht mehr. Wahllos werden Arme wie Reiche aufgehängt. In Maracaibo und Gibraltar macht Morgan seinem üblen Ruf als Schrecken der Karibik alle Ehre. Der Tod kommt für diejenigen, die Morgans Mörderbande in die Hände gefallen sind, wie eine Erlösung. Nachdem sie fünf Wochen so gewütet haben, kehren die Piraten nach Maracaibo zurück. Von Gibraltar hatte

Ich habe viele tapfere Soldaten, die entschlossen sind, die Widerwärtigkeiten, die Ihr der spanischen Nation angetan habt, zu rächen.

Der Befehlshaber der spanischen Flotte General Don Alonso del Campo y Espinosa in einem Drohbrief an Henry Morgan

Unten rechts: Piraten überfallen 1660 ein Segelschiff.

Während einer Seeschlacht haben Jungen von noch nicht einmal zwölf Jahren – die „Powder Monkeys" – eine lebensgefährliche Aufgabe: Sie müssen das Schwarzpulver für die Kanonen aus der Pulverkammer holen.

Entern

Auf keinen Fall soll bei einem Entermanöver ein feindliches Schiff stark beschädigt oder gar versenkt werden, die Piraten wollen es lediglich unter ihre Kontrolle bringen. Daher beschießen sie die gegnerische Takelage mit kleinen Kanonen, um das Segel und die Masten so zu schädigen, dass das Schiff manövrierunfähig wird. Mit wendigen Booten fahren die Angreifer danach nahe heran und schleudern Enterhaken auf das gegnerische Schiff, die sich an Bord verfangen. Dann zieht man das Piratenboot nahe heran und stürmt mit Musketen und Entermessern an Deck.

sich Morgan mehr Gewinn versprochen, aber König Charles II. von England kann dennoch zufrieden sein mit seinem Anteil an der blutigen Beute. Es wird Zeit, nach Hause zurückzusegeln.

Am 1. Mai 1669 setzen sie im Hafen von Maracaibo Segel und halten durch die enge Bucht Kurs aufs offene Meer, als plötzlich, wie aus dem Nichts, hinter ihnen drei gewaltige spanische Kriegsschiffe auftauchen, die sofort mit ihren Kanonen das Feuer auf die verhassten Piraten eröffnen. Das stärkste Schiff ist mit 48 Kanonen ausgestattet, die beiden anderen mit 30 und 24. Morgans eigenes Schiff hat gerade mal 14 Kanonen. Seinen Männern wird mulmig zumute. Wenn die Spanier sie zu fassen kriegen, dann Gnade ihnen Gott!

Doch auch jetzt weiß sich Henry Morgan mit einem genialen Schachzug zu helfen: Er richtet eines seiner kleineren Schiffe zu einem Brandsatz her und lässt es unbemannt auf das größte und schwerfälligste Schiff der Spanier zufahren, auf die mit 48 Kanonen bestückte *Magdalen*.

Der Schiffsraum des kleinen wendigen Schiffes ist mit Palmblättern, die in eine Mischung von Pech, Schwefel und Teer getaucht worden sind, gefüllt. Dazu Schwarzpulver, tonnenweise Schwarzpulver. Längs der Bordwände spannen Morgans Männer große, ebenfalls mit Pech und Teer getränkte Leinstücke. Dann wird eine Lunte gelegt. Die Spanier müssen dem Treiben der Piraten mit hilflosem Entsetzen zusehen. Sobald das präparierte Schiff die spanische Galeone erreicht

hat, wird die Lunte gezündet. Wenige Sekunden später geht das Schiff wie ein Feuerwerkskörper in die Luft und setzt die *Magdalen* in Brand.

Wütend greifen die Flammen um sich. An Bord der *Magdalen* bricht Panik aus. Die Pulverkammern! Wenn das Feuer die Pulverkammern erreicht, sind sie verloren! Alle Mann von Bord! Rette sich, wer kann! Die Männer springen ins Wasser. Die Piraten machen die Beiboote klar und eilen den Ertrinkenden zu Hilfe. Die aber wehren sich mit Händen und Füßen dagegen, sich von den Piraten auffischen zu lassen. Lieber wollen die Spanier ertrinken, als den Räubern in die Hände zu fallen. Die sind schon dabei, die beiden übrigen spanischen Schiffe zu entern. Ein Hauen und Stechen setzt ein. Mit rasiermesserscharfen Entermessern stürzen sich die Angreifer auf die Besatzung. Aus gutem Grund werden die Entermesser auch Mördermesser genannt. Die Spanier retten sich in die Beiboote, entkommen der Piratenmeute mit knapper Not und verschanzen sich in ihrer Festung, dem Fort von San Carlos.

Jetzt haben die Spanier wieder das Heft in der Hand. Sobald Morgan es wagt, mit seinen Schiffen durch die flaschenhalsenge Durchfahrt vor der Festung aus der Bucht von Maracaibo herauszusegeln, werden sie ihn gebührend empfangen. Die Kanonen sind klar zum Feuern. Die Ratte sitzt in der Falle! Sie können es kaum erwarten, Morgan und seine Meute auf den Grund der Karibik zu schicken. Eine Mordswut haben sie auf die gewissenlose Bande, die samt der *Magdalen*, dem besiegten spanischen Kriegsschiff,

Ein Entermesser ist ein langes Messer mit einer im Vergleich zu Säbeln relativ kurzen, schweren und breiten Klinge. Besonders für den Nahkampf ist es gut geeignet. Das Entermesser ist aber auch ein praktisches Werkzeug, aus dem sich die Machete entwickelte.

15 000 Pesos und zahlreiche Goldbarren erbeutet hat. Wenn Morgan aus der Bucht herausfährt, dann ist er tot! Kommt er nicht, kriegen sie ihn auch: Aus der Bucht von Maracaibo gibt es kein Entrinnen. Sie werden sich alles zurückholen, was der Hund ihnen abgeknöpft hat. Und dann soll er hängen!

Aber wieder einmal kommt alles ganz anders. Morgan wendet eine neue Kriegslist an, um sich und seine Männer auch aus dieser brenzligen Situation zu befreien. Fast die ganze Mannschaft wird unter lautem Befehlsgeschrei mit Beibooten an Land geschickt. Die Spanier frohlocken. „Die Ratte greift von der Landseite her an! Er soll nur kommen!" Im Kastell rüstet man sich für einen Angriff aus dieser Richtung. Die schweren Kanonen müssen auf der dem Meer abgewandten Seite der Festung aufgestellt werden. Eine anstrengende, eine schweißtreibende Arbeit. Die Spanier bekommen vor lauter Schlepperei gar nicht mit, dass Morgans Männer währenddessen heimlich wieder zu ihren Schiffen zurückrudern, wo sie sich unter Deck verstecken. Nicht mal ein Flüstern ist zu hören.

Ein Pirat klettert mit einem Entermesser bewaffnet die Takelage hoch zum Krähennest, dem Ausguck der Matrosen.

Und während die Spanier eine ganze lange Nacht lang glauben, dass der Angriff unmittelbar bevorsteht, und nervös ins Dunkel starren, aus dem in jedem Augenblick die Hölle losbrechen müsste, setzt Morgan seelenruhig Segel und verschwindet in voller Fahrt aus der Bucht von Maracaibo.

Was für ein Teufelskerl, dieser Morgan! So gerissen wie er ist keiner! Seine Männer verehren ihn. Der geniale Schachzug gegen die Spanier spricht sich unter den Piraten der ganzen Karibik wie ein Lauffeuer herum. Sie strömen ihm nur so zu und wählen ihn zu ihrem Anführer. 1670 befehligt er eine Flotte von 36 Schiffen mit mehr als 1800 Mann.

Jetzt ist Morgan reif für größere Unternehmungen. Jetzt ist er reif für das ganz große Ding. Für Panama. Die Stadt, in der das Gold aus dem Reich der Inka lagert. 10 000 Menschen leben hier. 7000 Häuser stehen in dieser ältesten Siedlung der Spanier entlang der Pazifikküste. Darunter viele prunkvolle Kaufmannsvillen. Eine fette Beute. Die Lagerhäuser der Stadt quellen über. Außerdem ist Panama ein Bischofssitz. Acht Klöster und zwei riesige Kirchen sind errichtet worden. An nichts wurde gespart: Die Altäre sind aus purem Gold, Leuchter, Kelche, Taufbecken, Kreuze ebenfalls. In Panama gibt es Theater und Konzertsäle wie sonst nur

Das alte Panama wurde 1517 als Stützpunkt der Spanier gegründet. Von hier aus organisierten sie ihre Plünderung der Neuen Welt.

Ihr englischen Hunde, Feinde Gottes und des Königs! Lasst auch eure übrigen Truppen kommen, nach Panama kommt ihr nie!

Ausruf der spanischen Verteidiger von Fort Lorenzo

Luftaufnahme des spanischen Forts San Lorenzo. Das Fort wurde 1596 an der engsten Stelle der Landenge Panamas errichtet, um Piraten den Zugang zum Fluss zu versperren. Von dort verschifften die Spanier Gold von der Pazifikküste in die Heimat.

in Europas großen Städten. Die Bürger schätzen ihren Wohlstand und das leichte Leben. Sie haben viel in ihre Sicherheit investiert. Von ihrer Festung aus sind so viele Kanonen auf die Hafeneinfahrt gerichtet, dass selbst Henry Morgan es nicht wagen würde, dort mit seinen Schiffen einzufahren. In Panama hat man keine Angst vor einem Piratenüberfall. Sechshundert Mann Kavallerie und 2100 Fußsoldaten sind hier stationiert. Selbst den berüchtigten Francis Drake haben sie in die Flucht geschlagen.

Die Bürger wiegen sich in Sicherheit. Tagelang grübelt der Mann mit den kalten Augen und dem gezwirbelten Bart über einer Angriffsstrategie, dann hat er die Schwachstelle der Stadt erkannt. Morgan befiehlt, die Anker zu lichten. Er verzieht auf der ganzen Fahrt kaum eine Miene, aber in seinem Innern ist er wie auf dem Sprung. Er kann es kaum erwarten, das Entsetzen in den Augen dieser satten, selbstzufriedenen Städter zu sehen.

Sein erstes Ziel ist das knapp 100 Kilometer von Panama entfernte Fort San Lorenzo, das an der Mündung des kleinen Flusses Chagre am Atlantischen Ozean liegt. Es befindet sich im Rücken der prachtvollen Stadt.

Morgans Männer erstürmen das Fort und legen es in Schutt und Asche. Es genügt, den Pulverturm in Brand zu setzen. Viele der im Fort stationierten Soldaten stürzen sich kopfüber von den Palisaden in den sicheren Tod. Alles ist besser, als diesen Bestien in die Hände zu fallen.

Damit ist der Weg nach Panama frei. Morgan befiehlt, flachgehende Ruderboote zu bauen. 1400 zu allem entschlossene Männer rudern unter seiner Führung den Chagre in Richtung Panama hoch. Über ihnen kreisen Geier. Heißhungrig folgen sie dem Zug, als witterten sie, dass es bald Tote geben wird.

In Panama rechnet niemand mit einem Angriff von der Landseite her. Aus guten Gründen, wie sich sehr schnell herausstellt. Die Regenzeit ist vorbei, der Chagre führt nur wenig Wasser. Immer wieder müssen Morgans Männer ihre mit Waffen und Munition schwer beladenen Boote durch Untiefen tragen. Sogar einige Kanonen sind dabei. Eine ungeheure Strapaze. Vier Tage geht das so, dann schlagen sie sich zu Fuß weiter durch. Jetzt müssen sie sich jeden einzelnen Meter mit Macheten frei hauen. Sie kämpfen sich durch das Dornendickicht des Dschungels, finden ihren Weg durch faulig riechende Sümpfe, werden von Tausenden von Moskitos zerstochen. Wasser haben sie nicht mitgenommen, auch keine Lebensmittel, sie tragen nur ihre Waffen. Morgan hat vor, entlang des Weges spanische Bauern zu überfallen und sich über deren Vorräte herzumachen. Die Männer freuen sich nach vier langen Hungertagen schon auf das große Schmausen. Endlich kommt ein Dorf in Sicht.

Aber aus dem Festmahl wird nichts. Die Bauern, die von Morgans Tod und Verderben bringendem Zug gehört haben, haben eigenhändig ihre Gehöfte in Brand gesetzt, damit die Verbrecherban-

Sie bereiteten sich auf den Kampf mit solcher Freude vor, als gehe es zu einer Hochzeit.
Alexandre Olivier Exquemelin

Morgans Männer kämpfen sich durch den Dschungel. Damit die Mannschaft kampfbereit bleibt, verbietet Morgan seinen Leuten, während der Plünderung Panamas Wein zu trinken. Er sei von den Spaniern vergiftet worden, behauptet er.

Francis Drake

Francis Drake, als Bauernsohn im Südwesten Englands geboren, wird heute als der berühmteste Freibeuter der Geschichte gesehen. Er gilt – zumindest in England – auch als genialer Stratege, großer Entdecker und Navigator. Im Alter von 13 Jahren wird er zum Seemann ausgebildet. **1566** tritt er zum ersten Mal in der Karibik als Pirat auf.
Drake tut sich **1588** beim Kampf Englands gegen die Spanische Kriegsflotte, der Armada, hervor, bei dem 64 Schiffe untergehen und mehr als 12 000 Spanier sterben. Im Laufe seines Lebens unternimmt er viele Kriegsfahrten gegen die Spanier und umsegelt dabei die Erde, wofür er von der englischen Königin Elisabeth I. geadelt wird. **1595** fährt er mit 27 Schiffen und 2500 Männern zu seinem letzten Beutezug in die Karibik. Sein Angriff auf Panama misslingt dem inzwischen 56-Jährigen gründlich, er muss sich vor den Spaniern zurückziehen. An der fieberverseuchten Küste Panamas stirbt der von seinen Männern vergötterte Drake am **28. Januar 1596** an der Ruhr.

de nichts mehr vorfindet. Hungrig und durstig taumelt die Meute durch das Dämmerdunkel des Dschungels, für eine Umkehr ist es längst zu spät. Manche „Brüder der Küste" fressen Blätter, andere Gras. Als sie auf ein Indianerdorf stoßen, jagen sie die Bewohner. Wenn sie es schaffen, einen zu fangen, wollen sie ihn mit Fett einreiben und über dem Feuer rösten. Hunger! An nichts anderes können sie mehr denken. Zum Glück für die Indianer sind die Piraten schon zu entkräftet für eine Hetzjagd durch den Dschungel.

Schließlich kommt Morgans Zug nach Torna Cavallos. Auch hier nur verbrannte Erde. Einer der Männer entdeckt ein paar alte Ledersäcke im Dreck. Da weichen sie das Leder im Fluss auf, entfernen die dicken Borsten, schneiden das Leder in Streifen, schmoren es über einem Feuer und würgen es hinunter. Die Ersten sterben. Wie weit es noch nach Panama ist, vermag keiner zu sagen, es gibt keine Karte von diesem Gebiet. Der Weg durch den Dschungel ist schmal, sie müssen hintereinander gehen. Aus der undurchdringlichen grünen Hölle, die sie umgibt, werden Pfeile auf sie abgeschossen. „Verdammte englische Hunde!", zischt es ihnen aus dem Dunkel entgegen, dann sinkt wieder einer von ihnen, von Pfeilen durchbohrt, in die Knie. Die Bedrohung zermürbt alle. Morgan befiehlt, blind in den Wald zu schießen. Die Indianer laufen weg, aber ein paar Hundert Meter weiter legen sie den nächsten Hinterhalt. Schließlich fängt es auch noch heftig an zu regnen. Von den

1400 Männern, die mit Morgan am Fort San Lorenzo aufgebrochen waren, sind nur noch tausend übrig, und die meisten sehen aus, als würden sie es nicht mehr lange machen. Erstaunlich ist, dass es zu keiner Meuterei kommt. Morgan hat die ganze verdammte, gottlose Bande fest im Griff. Er malt ihnen das Leben, das sie erwartet, in leuchtenden Farben aus. Erzählt ihnen von Geld und Gold und schönen Frauen, die sie sich dafür kaufen können.

Am neunten Tag des Marsches treten sie endlich aus dem Dschungel heraus. Sie klettern auf eine Anhöhe und sehen das von der goldenen Sonne beschienene Panama unter sich liegen. Dahinter funkelt das Licht auf dem Wasser des weiten Ozeans.

Bei diesem paradiesischen Anblick fallen die tagelangen Strapazen von den ausgemergelten, erschöpften, zerlumpten Gestalten ab. In einem Tal in ihrer Nähe weidet Vieh. Mit Freudengeheul schießen die Piraten auf alles, was ihnen vor die Flinten kommt. Sie schneiden den Tieren das noch blutende Fleisch vom Körper und schlingen es roh hinunter. Der bohrende Hunger hat ein Ende. Mit blutverschmierten Mündern schlafen sie ein. Eine Nacht lang ruhen sie sich aus. Und dann, am zehnten Tag, marschieren sie unter Trommelwirbel in die Stadt ein. Die Soldaten fliehen in

Bis Mitternacht hatten die Flammen alles verschlungen – die berühmte alte Stadt Panama, den größten Umschlagplatz für Silber und Gold in der ganzen Welt.

Henry Morgan in einem Brief an Sir Thomas Modyford, Gouverneur von Jamaika

Schlacht um Panama 1670: Henry Morgan und seine Bukanierarmee aus tausend zu allem bereiten Männern gegen vierhundert Reiter, 2400 Fußsoldaten, sechshundert Indianer, sechshundert Sklaven und 2000 Stiere. Viele Kaufleute fliehen mit ihren wertvollsten Schätzen über das Meer.

Panik. Schlecht bewaffnet, völlig ungeübt im Umgang mit Waffen und vor Angst zitternd, versuchen die Bürger der Stadt, die blutgierige Piratenmeute aufzuhalten. In ihrer Hilflosigkeit hetzen sie eine Herde von 2000 wilden Stieren auf die Angreifer, aber die verängstigten Tiere stieben nach allen Seiten davon und machen die Zerstörung und das Chaos nur noch größer. Zwei Stunden später ist Panama in den Händen von Morgans Männern. Jeder, der Widerstand leistet, wird erschlagen. In den Wirren des Angriffs bricht ein Feuer aus. Die herrlichen, aus Zedern und Rosenholz gebauten Kaufmannsvillen gehen in Flammen auf.

Die königlichen Stallungen, die hoch emporragenden Kirchen, die reichen Klöster, die Theater, die Lagerhäuser – alles wird ein Raub des Feuers. In dieser Nacht geht Panama unter.

Auch viele Schätze verbrennen. Morgan schickt daher seine Männer aus, um Gefangene zu machen. Die Bürger werden erbar-

Henry Morgan

Henry Morgan wird **1635** in Wales geboren. **1654** kommt er mit englischen Truppen in die Karibik, wo er bald zu den Piraten überläuft. Bereits **1660** besitzt er ein eigenes Schiff, mit dem er sich dem erfolgreichen Bukanier Edward Mansfield anschließt. Bald steigt er zum bedeutendsten und brutalsten Piratenanführer aller Zeiten auf. **1668** überfällt er Portobello, **1669** Maracaibo und **1671**, mit mittlerweile 1400 Gefolgsleuten, Panama. Mitleidlos foltert er die Bewohner dieser Städte, damit sie ihm das Versteck ihrer Schätze zeigen. Nach seiner Rückkehr wird Morgan wegen des Angriffs auf Panama verhaftet und nach England gebracht, denn der englische König hat **1670** mit Spanien Frieden geschlossen. Aber dieser Friede wird bald brüchig. Henry Morgan wird begnadigt und **1674** sogar in den Adelsstand erhoben. Außerdem bekommt er einen Vizegouverneursposten auf der Insel Jamaika angetragen.

Morgan vor der brennenden Stadt Panama. In den Lagerhäusern schmilzt das Gold der Inka. Nur zwanzig von Morgans Männern finden während der Schlacht den Tod. Allein sechshundert Panamaer sterben bereits am ersten Tag.

mungslos gefoltert, um aus ihnen herauszupressen, ob sie etwas über verborgene Schätze wissen. Anschließend verlangt Morgan für die Freigabe der Überlebenden von deren Angehörigen ein hohes Lösegeld.

Oben: Auch noch Jahrzehnte nach Morgan bekämpfen sich Spanier und Engländer in der Karibik. Dieses Bild zeigt die Kaperung der spanischen Schatzgaleone *Nuestra Señora de Cabadonga* durch das englische Schiff *Centurion* am 20. Juni 1743.

Oben rechts: Szene aus dem romantischen Film *König der Seeräuber* mit Steve Reeves in der Hauptrolle (Italien/Frankreich 1960, Regie: Primo Zeglio, André De Toth). Der echte Morgan ist wenig romantisch. Einmal wirbt er um eine gefangene Kaufmannsfrau mit kostbaren Juwelen. Als sie ihn nicht erhört, wirft er sie in ein dunkles Loch und lässt sie hungern.

So kommt trotz der Feuersbrunst doch noch ein Vermögen von 100 000 Pfund für Morgans Schatzkisten zusammen. Als die Piraten am 24. Februar 1671 das völlig zerstörte Panama verlassen, führen sie eine Karawane von 175 schwer beladenen Ochsen und Maultieren mit sich, Kutschen und Karren mit Gold, Silber und Juwelen, dazu sechshundert Gefangene, die für den Sklavenhandel bestimmt sind. Über dem Zug kreisen wieder die Geier. In den vergangenen 14 Tagen haben sie sich an den Leichen so satt gefressen, dass sie jetzt fett wie Truthähne sind.

Morgan und seine Männer haben die Stadt Panama und ihre Bewohner ins Elend gestürzt. Das heutige Panama hat mit der Stadt, in die Morgan einfiel, nichts mehr zu tun. Es steht an einer ganz anderen Stelle. Dort, wo das alte Panama einst stand, mochte nie wieder ein Mensch siedeln.

Im Triumph segelt Morgan mit seinen Männern zurück nach Port Royal auf Jamaika. Dort wird er überschwänglich gefeiert. Der Vertreter des englischen Königs auf der Insel, Sir Thomas Modyford, dankt ihm öffentlich. Nicht enden wollender Applaus prasselt auf den genialen Strategen nieder. Keiner von denen, die ihn dort hochleben lassen, kann ahnen, dass Morgans Stern zu diesem Zeitpunkt in Gefahr ist zu verblassen, ja womöglich ganz zu erlöschen.

5 d

Der große Traum

>>> In Washington besuchen Rick Haupt und Sylvia Krüger die Kongressbibliothek, in der viele alte Seekarten aus Henry Morgans Zeit aufbewahrt werden. Sie erfahren, dass der gefeierte Held mit dem angeberischen Zwirbelbart sich nur kurze Zeit nach seinem triumphalen Empfang auf Jamaika in einem dunklen, feuchten Gefängnis wiederfindet, aus dem es kein Entkommen zu geben scheint. All seine Verdienste für den König zählen auf einmal nichts mehr. Spanien und England, seit Jahrzehnten in kriegerische Auseinandersetzungen über die Vorherrschaft in der Neuen Welt verstrickt, haben nämlich unmittelbar vor dem Überfall auf Panama einen Friedensschluss vereinbart. Es ist nicht der Erste und es wird auch nicht der Letzte sein, doch vorerst hat er seine Gültigkeit.

Blick in den Hauptlesesaal der amerikanischen Kongressbibliothek in Washington

Morgan hat den Friedensschluss einfach ignoriert. Was schert ihn, was die Mächtigen am anderen Ende der Welt miteinander aushandeln? Hier in der Karibik zählt nur sein Wille. Aber nach dem blutigen Untergang der spanischen Stadt Panama gilt Morgan auf einmal als Schwerverbrecher. Jede Woche neu fordert die spanische Krone durch ihren Botschafter in London den englischen König auf, Morgan endlich an den Galgen zu bringen. Also wird der Freibeuter nach England zum König gerufen, um sich vor Gericht zu erklären. Charles II. hat keine andere Wahl, als Morgan den Spaniern zu opfern. Der seinem König treu ergebene Freibeuter macht sich auf den Weg. Er wird sich zu verteidigen wissen.

Ende des Goldenen Zeitalters

Ab etwa **1707** möchte die englische Krone dem Piratenwesen in der Karibik ein Ende machen. Die Strategie: ein Gnadenakt für reumütige Piraten. Woodes Rogers, ein ehemaliger Freibeuter, der **1718** zum Gouverneur der Bahamas gemacht wird, soll ihn den „Brüdern der Küste" schmackhaft machen. Er bietet ihnen Straffreiheit und ein Stück Land zur Besiedlung an, wenn sie sich ergeben, und droht andernfalls mit erbarmungsloser Verfolgung. Zwischen **1716** und **1726** werden im englischen Machtbereich etwa sechshundert Piraten hingerichtet. **1718** gibt es noch etwa 2500 Seeräuber in der Karibik. Nach **1720** sind es unter zweihundert, die nirgends mehr sicher sind: 13 000 Marinesoldaten heften sich an ihre Fersen. Gefangene Piraten werden öffentlich gehängt, sofern sie die Kerkerhaft bis zur Gerichtsverhandlung überstehen. Nach der Hinrichtung werden sie zur Abschreckung für jedermann sichtbar in eine Art eisernen Käfig gesteckt. Zum Schluss bleiben nur noch die gebleichten Knochen im Käfig zurück. Das Bild rechts zeigt den **1701** hingerichteten Piraten William Kidd.

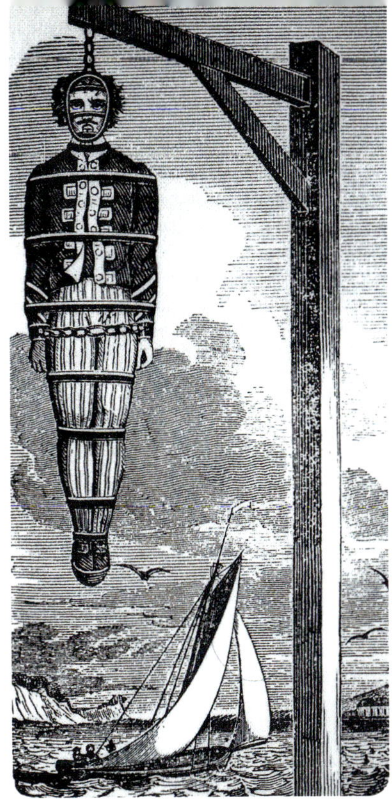

Am 4. April 1672 geht er an Bord des Kriegsschiffes *Welcome*, das ihn nach England bringen soll. Dort wird Morgan sofort in Haft genommen und in ein dunkles Loch unter Deck gestoßen. Hochrangige Fürsprecher schreiben Briefe zu seiner Verteidigung.

Drei stürmische Monate dauert die Reise. In London angekommen, hat sich das Blatt schon wieder gewendet: England und Spanien stehen sich erneut feindlich gegenüber. Auf Jamaika, dem englischen Stützpunkt in der von den Spaniern beherrschten Karibik, braucht man einen Mann wie Morgan, um die Insel zu verteidigen. Anstatt ihn aufzuknüpfen, bereitet man Morgan in London einen begeisterten Empfang. Wohin er auch geht, er wird gefeiert. Die Menschen finden den Barbaren ungeheuer aufregend. Man schmückt sich in adligen Kreisen so gern mit ihm, dass dem König schließlich nichts anderes übrig bleibt, als den Haudegen am 23. Januar 1674 in seinem goldenen Thronsaal zu empfangen und ihn mit pompösen Feierlichkeiten in den Adelsstand zu erheben. Sir Henry Morgan! Seine Majestät Charles II. ernennt ihn außerdem zum Vizegouverneur von Jamaika. Auf der *Jamaica Merchant* kehrt er 1675 vom König reich beschenkt in die Karibik zurück. Anstatt direkt Jamaika anzusteuern, fährt er zunächst nach Île à Vache, um auf seiner Schatzinsel nach dem Rechten zu sehen. Aber auf dieser Fahrt geht etwas schief. Die *Jamaica Merchant* wird im Sturm

Rick Haupt dokumentiert Artefakte – also Fundstücke aus alter Zeit, die von Menschen gemacht sind.

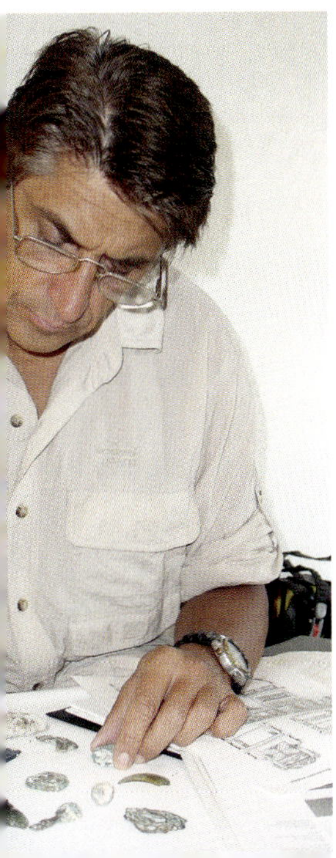

auf ein Riff zugetrieben. Auf das Mad Reef vor Île à Vache. So genial Morgan als Stratege an Land ist – auf See passieren ihm immer wieder solch missliebige Patzer. Doch der Untergang der *Jamaica Merchant* ist kein wirkliches Problem für Morgan. Er hat Freunde – überall. Die „Brüder der Küste“ helfen sich gegenseitig. Ein alter Piratenfreund nimmt den frischgebackenen Adligen mit nach Jamaika, wo er seine neue Stelle antritt.

Rick Haupt bekommt ein Schreiben Henry Morgans an einen reichen Kaufmann auf Jamaika vorgelegt, in dem er von dem Unglück berichtet. Und da weiß er, dass er nicht die Überreste von Henry Morgans stolzestem Schiff, der *Oxford*, gefunden hat, sondern dass er auf das Wrack der viel kleineren *Jamaica Merchant* gestoßen ist. Auch die inzwischen ausgewerteten Fundstücke deuten darauf hin.

Rick spürt einen kleinen Stich der Enttäuschung. Sie sind also nicht auf die *Oxford* gestoßen. Aber wo liegt dann Henry Morgans berühmtestes Schiff?

In diesem Moment weiß Rick Haupt, dass die *Oxford* sein Schiff ist. Der Gedanke, sie zu finden, fesselt ihn, lässt ihn nicht mehr los. Und anstatt sich jetzt wieder anderen Dingen als Henry Morgan und seinen vor Jahrhunderten gesunkenen Schiffen zuzuwenden, stürzt er sich noch intensiver als zuvor auf die Suche. Immer mehr

Oben: Die Stadt Spanish Town heute

Oben links: Piraten geraten über einem Kartenspiel in Streit. Die meisten Piraten verspielen und versaufen ihren Beuteanteil in kürzester Zeit. Das erbeutete Gold landet in einer der zahllosen Kneipen auf Jamaika. Sie haben Namen wie Black Dog, Green Dragon oder Sugar Loaf.

Einzelheiten über Morgan trägt Rick Haupt zusammen. Der Dokumentarfilmer verbringt Tage und Wochen in Archiven und Bibliotheken. Dort findet er Briefe von dem Schiffsarzt Richard Brown, der mit Morgan zu Tisch saß, als die Explosion die *Oxford* zerfetzte und Morgan über Bord geschleudert wurde.

Doch nirgendwo gibt es genaue Angaben, in welcher Bucht die *Oxford* unterging. Spätestens als Rick Haupt sich tagelang durch dicke Telefonbücher arbeitet, bei zahllosen Morgans von heute anruft, um vielleicht so auf einen Nachkommen von Henry Morgans Familie zu stoßen, da weiß er, dass er besessen von der Geschichte ist. Er kann sich nicht dagegen wehren, es ist einfach so, er hat den tiefen Wunsch, dieses eine Schiff zu finden. Die *Oxford*. Ein Wrack, das seit fast 400 Jahren auf dem Meeresgrund liegt.

Immer wieder rechnet Rick Haupt durch, was er für die Suche nach der *Oxford* benötigt. Der Transport und die Unterbringung des Teams, Essen und Trinken für mehrere Wochen, die mehrere Tonnen schwere Ausrüstung, die Schiffsmiete, Zollgebühren – für all das hat der Dokumentarfilmer nicht genug Geld.

Günstiger wäre es, er hätte ein großes Schiff, am besten einen Katamaran, ein Segelschiff mit zwei Rümpfen, die durch ein Deck miteinander verbunden sind. Die beiden Rümpfe müssten groß sein, sehr groß sogar. Dann könnte man in ihnen wohnen. Sie würden mit der Crew in die Karibik segeln, dazu braucht man nicht einmal Sprit. Essen, Ausrüstung, all das wird bequem an Bord untergebracht. Sie könnten sich Zeit lassen, sie könnten an Bord sogar das Filmmaterial bearbeiten, nachts oder an Tagen, wenn sie nicht tau-

Sylvia Krüger

Gemeinsam mit ihrem Mann Rick Haupt setzt sich Sylvia Krüger, am 10. August 1963 in Schleiden geboren, auf vielfältige Weise für den Erhalt des Unterwasserkulturerbes ein. In enger Zusammenarbeit mit der UNESCO hat sie ein Programm entwickelt, das den Menschen der Karibik bewusst machen soll, wie wichtig der Schutz der alten Wracks ist. Als Fotografin dokumentiert sie Expeditionen zu Wracks, wie die Henry-Morgan-Expedition, und versunkenen Städten, wie zum Beispiel dem Teil Port Royals, der im Meer versank. Ihre Fotos werden von vielen großen Zeitungen und Magazinen veröffentlicht. Kinder liegen ihr besonders am Herzen. Durch Projekte, die bereits in der Grundschule zum Einsatz kommen, möchte sie erreichen, dass sich heranwachsende Menschen für ihr kulturelles Erbe interessieren.

chen können. Wenn er doch nur das Geld dafür hätte! Wenn, wenn, wenn. Es fällt ihm schwer, bei seinem nächsten Filmauftrag, der ihn nach Barbados führt, ganz bei der Sache zu sein. Jede Nacht träumt er von der *Oxford*, und jeden Tag rechnet er die Kosten durch.

Und ausgerechnet auf Barbados findet Rick Haupt dann einen, der mitträumt. Durch reinen Zufall kommt er am Strand von Barbados mit einem älteren Herrn ins Gespräch. Sein Name ist Peter. Die Rede kommt auf die *Oxford*. Zwei Tage später, bei einem gemeinsamen Mittagessen, bietet Peter Rick an, ihm Geld zu geben, damit er den Katamaran kaufen kann. Er kann das Geld leicht aufbringen, er ist mehrfacher Millionär. Die einzige Bedingung, die er stellt: Er möchte dabei sein, wenn Rick die *Oxford* findet. Rick Haupt ergreift die Chance. Er fängt sofort an, nach einem geeigneten Schiff zu suchen, telefoniert mit Schiffsmaklern auf der ganzen Welt. Wenige Tage später rattert das Bild eines außergewöhnlichen Katamarans aus seinem Faxgerät. Da weiß er, er hat sein Schiff gefunden.

Zu der Zeit ist es der größte private Katamaran, der jemals gebaut wurde. Das Schiff ist 42 Meter lang und 17 Meter breit, der Mast ist 40 Meter hoch. Zwischen den Pontons, den Rümpfen, auf dem Hauptdeck befinden sich neben einem Speisesaal, an dem 28 Leute zur gleichen Zeit Platz nehmen können, zehn Passagierkabinen und eine mit jedem Luxus ausgestattete Kombüse. Die sechs Crewkabinen sind in den Rümpfen untergebracht. Es gibt sogar einen begehbaren Gefrierraum. So kann man Proviant für zwei, drei Monate auf diesem Schiff mitführen. Eine Meerwasserentsalzungsanlage produziert jeden Tag 5000 Liter Frischwasser. Genau das, wonach Rick Haupt gesucht hat. Nur besser! Man einigt sich auf den Kaufpreis. Das Schiff muss noch umgebaut werden. Rick Haupt lässt

Schutz des Unterwasserkulturerbes

Sobald das Sporttauchen ab **1950** in Mode kam, wurden Wracks von Hobbytauchern und Schatzsuchern rücksichtslos geplündert. Einmalige Zeitzeugnisse gingen unwiederbringlich verloren. Auch die Bergung eines Schiffes oder seiner Ladung kommt im Normalfall einer Zerstörung gleich. **2001** hat die UNESCO eine Konvention zum Schutz des Unterwasserkulturerbes verabschiedet. Jedes Wrack, das älter ist als 100 Jahre, ist geschütztes Kulturerbe. Es darf dokumentiert, aber nicht geborgen werden. Die meisten Tauchclubs und großen Tauchsportverbände haben diese Richtlinien in ihre Satzungen aufgenommen.

beispielsweise die Tauchplattformen verlängern. Von vorne bis hinten wird alles überholt. Alles Geld, das sie haben, stecken Rick und seine Frau in dieses Boot, den Rest bezahlt der Sponsor. Ein halbes Jahr lang hängen sie sich rein – dann ist der Katamaran endlich so, wie er sein soll. Sie taufen ihn auf den Namen *Coral Queen.*

Am 11. November 2000 segelt die *Coral Queen,* die Korallenkönigin, von der Werft in Danzig, wo sie umgebaut wurde, in die Karibik ab. Als er an Bord seines neuen Schiffes geht und die Leinen losmacht, wird Rick von einem Glücksgefühl durchströmt. Es ist ein Gefühl von absoluter Freiheit. Er kann jetzt jederzeit fahren, wohin er will. Dieses Schiff ist ihr neues Zuhause. Fast alles, was Rick Haupt und seine Frau besitzen, ist an Bord.

Auf der Ostsee ist es stürmisch. Kein Problem für die stolze *Coral Queen.* Auch bei schwerem Seegang kann man ein Glas Wasser auf den Speisezimmertisch stellen, ohne dass das Wasser im Glas auch nur schwappt. Alles ist perfekt. Die Reise in die Vergangenheit kann beginnen.

Zwei Tage vor Silvester verabschieden sich Rick und Sylvia von der Crew. Sie müssen an Land noch vielerlei Dinge erledigen, bevor es richtig losgehen kann mit der Suche nach der *Oxford*. Auf

Ein Sturm an der bretonischen Küste. Auf hoher See muss ein Schiff einen heftigen Sturm weit weniger fürchten als in Küstennähe, wo ihm Untiefen gefährlich werden können und es von der Brandung zerschmettert werden kann.

Fast alles, was wir besaßen, war auf diesem Schiff.
Rick Haupt

Teneriffa wollen sie wieder zu ihrem Team stoßen. Von dort werden sie gemeinsam den Atlantik überqueren. Jeden Tag telefoniert Rick Haupt mit seinen Leuten. Silvester soll es Sturm geben. Sicherheitshalber ankert das Schiff in der geschützten Bucht von Brest an der französischen Atlantikküste. Und dort passiert das Unfassbare.

Es ist der 1. Januar 2001, das neue Jahr hat gerade erst begonnen. Nachts um 3 Uhr 27 kommt ein Anruf von Ricks Freund Everett. Everett ist Crewmitglied und hat die Verantwortung für die *Coral Queen* übernommen, solange Rick und Sylvia an Land sind. Im Hintergrund hört Rick ein ohrenbetäubendes Krachen. Und Stimmen, die laut durcheinanderschreien. Ein Sturm wütet. Ein Wahnsinnssturm. Everett schreit gegen den Lärm an: „Der Sturm hat uns mitten in der Bucht am Ankerplatz erwischt.“ Der Orkan ist in dieser unheilvollen Nacht mit 140 Stundenkilometern direkt in die Bucht hineingefahren, hat Ricks Katamaran von seinen zwei Ankern losgerissen und auf die Felsklippen zugetrieben. Wie ein Spielzeug haben die Wellen das riesige Schiff auf die Felsen gewor-

Île à Vache verfügt über ein labyrinthartiges Höhlensystem, in dem die Piraten sich und ihre Gefangenen verstecken können. An dieser Stelle befindet sich einer der Eingänge.

Île à Vache

Die kleine fruchtbare Karibikinsel Île à Vache, auf deutsch Kuhinsel, ist der Schlupfwinkel, an dem Henry Morgan seine Überfälle plant und wo er sich mit seinen Männern trifft. Die Losung lautet: „Henry bittet zum Rendezvous." Die Insel fünf Seemeilen südlich von Haiti ist von tückischen Sandbänken und scharfkantigen Riffs umgeben und bietet daher natürlichen Schutz vor Angreifern. Nur über eine enge Fahrrinne gelangen die Schiffe in den Hafen. Wer sie nicht kennt, erleidet unweigerlich Schiffbruch. Weitere Vorteile der palmenreichen Insel: Hier gibt es einen Süßwassersee mit kostbarem Trinkwasser. Und sie hat ein Höhlensystem, in dem die „Brüder der Küste" sich und ihre Beute wie in einem Fuchsbau verstecken können. Hierher verschleppen sie auch die Gefangenen, für die sie Lösegeld fordern.

fen. „Rick, das Schiff ist verloren, wir sitzen auf den Felsen. Es sieht ganz übel aus", schreit Everett in den Hörer. Der Mast ist gebrochen, alle Aufbauten an Deck sind von den Wellen weggefegt. Die Rümpfe des Katamarans sind von vorn nach hinten aufgerissen. Das Wasser hat die Scheiben durchbrochen, schießt vorne rein und spült achtern alles raus, was es mit sich reißen kann. Kilometerweit verstreut am Strand findet man später die Ausrüstung, die für die große Tauchexpedition nach Morgans Schiffen bestimmt war, wieder. Aus der Traum. Aus und vorbei. Was von der *Coral Queen* übrig ist, wird verschrottet.

Die Geschichte wäre hier zu Ende, wenn Rick Haupt nicht in einem Wesenszug Henry Morgan ausgesprochen ähnlich wäre: Er ist zwar tief getroffen von dem Verlust seines Schiffes, aber er gibt sich nicht geschlagen, er weigert sich einfach, klein beizugeben. Er blickt nach vorn und nicht zurück. Er muss dieser Sache, mit der er nun einmal angefangen hat, auf den Grund gehen, buchstäblich, sonst lässt sie ihm keine Ruhe. Er findet einen neuen Geldgeber, der bereit ist, einen Teil der Kosten für die Expedition in die Karibik zu übernehmen. Einen Bergungsunternehmer mit einer hochtechnischen Ausrüstung. Nur drei Monate nach dem Untergang der *Coral Queen* sind Rick und Sylvia wieder auf dem Weg zur Île à Vache.

Ich wusste nur eins: Ich würde Himmel und Hölle in Bewegung setzen, um das Rätsel um Captain Morgans Schiffe zu lösen.

Rick Haupt

Schätzungsweise drei Millionen Wracks aus allen Zeiten der Menschheitsgeschichte kann man weltweit auf dem Meeresboden finden. Wahrscheinlich etwa 30 000 davon haben noch

Die *Oxford* – ein prachtvoller Dreimaster, ausgestattet mit 34 Kanonen – in voller Fahrt. Das Schlachtschiff des englischen Königs hat sich schon im Krieg gegen die Holländer, auch sie eine konkurrierende Seemacht, bewährt.

Das war der absolute Traum, dieses Schiff zu finden.
Rick Haupt

eine kostbare Ladung an Bord. Bei höchstens 3000 Wracks wäre eine Bergung der Schätze lohnend, weil sie in erreichbarer Tiefe liegen und die Kosten für die Bergung nicht höher sind als der zu erwartende Gewinn. Eine Bergung verschlingt Unsummen: Schon die Rechercheure, die anhand alter Seekarten und Versicherungsberichte, Logbücher, Gerichtsakten und Frachtbriefe Berichte über Wracks erstellen und Hinweise geben, wo man mit der Suche ansetzen könnte, verlangen bis zu 30000 Euro für einen vielversprechenden Tipp. Dann muss man ein Suchschiff ausstatten, ein Expeditionsteam anheuern und Bergungsrechte erwerben. Und bis zum Schluss bleibt die ganze Angelegenheit ein Glücksspiel.

Heutzutage spürt man Wracks mit modernen Geräten auf. Eines der wichtigsten Instrumente ist das Sidescansonar, das wie ein kleiner Torpedo aussieht und an einem Kabel hinter dem Suchschiff hergezogen wird. Damit stößt man Schallwellen aus, die von den Dingen unter Wasser zurückgeworfen werden. Gegenstände bis zu der Größe einer Kaffeetasse werden auf diese Weise auf einem Computerbildschirm sichtbar gemacht.

Auch ein Magnetometer wird häufig eingesetzt. Dieses Gerät zeichnet jede magnetische Veränderung des Meeresbodens auf. Liegt dort Eisen, Kupfer, Silber oder Gold? Das kann man damit genau bestimmen. Die Suche wird so viel gezielter.

Obwohl Rick und seine Leute mit der besten Ausrüstung, die es zu dieser Zeit auf der Welt gibt, nach Île à Vache reisen und dort überaus gründlich suchen – die *Oxford* finden sie nicht. Das Ergebnis der Expedition ist dennoch beeindruckend: Sie entdecken insgesamt neun Kanonen der *Jamaica Merchant* und zahlreiche Einzelteile: Töpfe, Scherben und vieles, was noch ausgewertet werden muss. Sie sichern die Fundstelle. Die englischen Zeitungen überschlagen sich vor Begeisterung. Nur Rick Haupt kann sich nicht so recht mitfreuen.

Seiner Meinung nach haben sie einen riesigen Aufwand betrieben und sehr viel Geld ausgegeben, nur um herauszufinden, dass die *Oxford* nicht dort liegt, wo die Historiker sie vermuten. Das einzig Positive daran ist für ihn: Die *Oxford* kann nur noch in einer der beiden Buchten liegen, in denen sie noch nicht gesucht haben. Und damit fängt der Wahnsinn wieder an, denn Rick kann jetzt nicht nach Hause gehen und alles vergessen. Er weiß, dass die *Oxford* irgendwo da draußen liegt. Er muss sie einfach finden.

Unten links: Ein G-882 Magnetometer wird zu Wasser gelassen. Es liefert eine Magnetkarte des Meeresbodens, auf der man Objekte aus Metall – z. B. Kanonen – auch dann noch erkennen kann, wenn sie im Sand vergraben oder von einer Schlammschicht bedeckt sind.

Unten rechts: Ein Sidescansonar kommt zum Einsatz, das mit Ultraschallwellen den Meeresboden „abtastet".

6

Das Riff von A'Bacou

>>> **Über drei Jahre vergehen** nach dieser zweiten Expedition, als Rick Haupt endlich einen englischen Fernsehsender davon überzeugen kann, eine dritte Expedition nach Île à Vache in Auftrag zu geben. Dieses Mal werden sie ganz bestimmt mit Bildern der *Oxford* heimkommen, verspricht er. Zähe Verhandlungen sind nötig, bis das Geld schließlich bewilligt wird. Die Crew fliegt daraufhin sofort nach Jamaika. Und während sie auf Jamaika letzte Vorbereitungen erledigen und auf das Boot warten, mit dem sie nach Haiti segeln wollen, bricht auf Haiti ein Bürgerkrieg aus. Die Anhänger des Präsidenten von Haiti – sein Name ist Aristide – und die Gegner dieses Präsidenten liefern sich blutige Gefechte. Mit Schreckensbildern aus Haiti beginnen jeden Tag die Nachrichten. Die Leute dort bringen sich zu Hunderten gegenseitig um. Alle wollen nur eins: weg von Haiti.

Rick und seine Crew sitzen auf Jamaika am Hafen und sehen täglich neue Flüchtlingsschiffe aus Haiti ankommen. Die Leute, die es bis nach Jamaika geschafft haben, sind halb tot. Tagelang mussten sie ohne Trinkwasser auskommen. Trotz der Gefahr, mit ihren offenen, völlig überfüllten Ruderbooten in einen Sturm zu geraten und zu kentern, sind sie gefahren. Sie haben ihr Leben riskiert,

Kinder auf Île à Vache. Fast alle Familien leben vom Fischfang. Mit einfachen Booten, meist mit Einbäumen, fahren die Fischer aufs Meer hinaus. Die meisten Inselbewohner sind bitterarm.

Das Expeditionsteam studiert alte Seekarten. Hier eine Karte von Hispaniola aus dem Jahr 1723

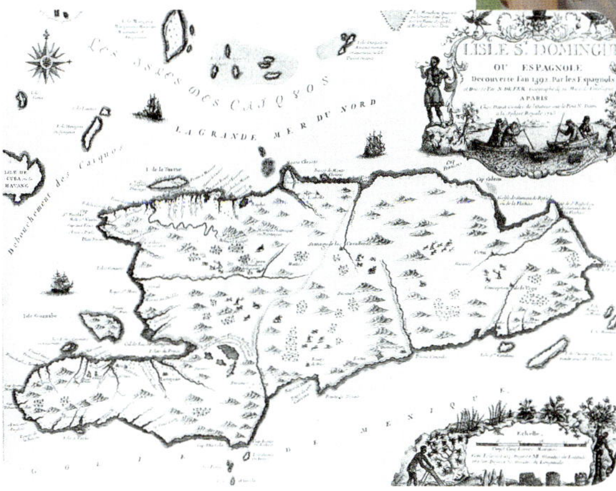

um genau von dort wegzukommen, wo Rick – koste es, was es wolle – hinwill.

Es gelingt Rick Haupt nicht, auch nur einen bewaffneten Sicherheitsmann zum Schutz der Crew für die Reise nach Haiti zu gewinnen. Selbst die härtesten Jungs winken ab. Nach Haiti zu reisen ist Wahnsinn. Dort herrscht Krieg.

Natürlich diskutiert die Crew, ob jetzt nicht endgültig der Zeitpunkt gekommen ist, von der Suche nach der *Oxford* abzulassen. Eigentlich spricht alles, wirklich alles dagegen, mit der Wracksuche weiterzumachen. Aber wenn sie jetzt aufgeben, dann werden sie nie wieder einen Fernsehsender finden, der ihnen die Reise finanziert. Dann ist alles verloren. Und da beschließen sie, die Fahrt nach Île à Vache vor Haiti gegen alle Vernunft zu wagen.

Rick Haupt und sein Team haben wegen der Unruhen schon so viel Zeit verloren, dass sie, sobald sie das gecharterte Schiff zur Verfügung haben, völlig überstürzt mitten in der Nacht aufbrechen. Kaum haben sie Jamaika hinter sich gelassen, lässt sich das Schiff plötzlich nicht mehr steuern. Am Ruder ist etwas kaputt. Drei Stunden dauert die Reparatur. Sobald sie das Schiff wieder flott haben, kommt Sturm auf. Ein Höllenritt wird die Fahrt nach Île à Vache. Wieder einmal haben sie das Meer als Gegner.

Als sie endlich auf der Insel ankommen, haben sie nur noch fünf kurze Tage, um die *Oxford* zu finden. Länger dürfen sie das Schiff, auf dem sie angereist sind, nicht behalten. Das Geld für den Trip ist eh so gut wie aufgebraucht.

Es gibt noch zwei Buchten um Île à Vache herum, in denen die *Oxford* liegen könnte. Unter diesem enormen Zeitdruck verlässt sich Rick Haupt ganz auf sein Gefühl. Er entscheidet sich für

Haiti

1498 entdeckt Kolumbus die Insel Hispaniola, die später von den Franzosen und den Spaniern in Haiti (französisch) und die Dominikanische Republik (spanisch) aufgeteilt wird. Die Ureinwohner der Insel, die Taino-Indianer, sterben in nur wenigen Jahren infolge der brutalen Unterdrückung und der von den Eroberern eingeschleppten Krankheiten. Bereits **1520** „importieren" die Spanier daher Sklaven aus Afrika und zwingen sie zur Arbeit auf den Plantagen und in den Gold- und Silberminen. Die meisten Menschen, die heute auf Haiti und auf anderen Inseln der Karibik leben, sind Nachkommen dieser afrikanischen Sklaven.

die Bucht von La Hatte auf der Rückseite der Insel. Dort geht die Crew an Land. Sofort kommen ein paar Einheimische an den Strand, um sie zu begrüßen. Inzwischen kennt Rick Haupt sie alle beim Namen, weiß, welche Kinder zu wem gehören. Er stellt ihnen eine wichtige Frage: „Gibt es hier in der Nähe einen Brunnen aus alter Zeit?“ Denn nur wenn hier Frischwasser zu holen ist, wäre Henry Morgan in dieser Bucht vor Anker gegangen. Andernfalls könnten sie die Suche an dieser Stelle sofort abbrechen. Und tatsächlich: Die Einheimischen weisen ihnen einen kleinen Pfad, der ins Landesinnere führt.

Etwa 500 Meter vom Strand entfernt kommen sie an eine Lichtung mit einem Brunnen. Der sieht aus, als wäre er vielleicht vor zehn, 20 Jahren gebaut worden. Henry Morgans Männer können kaum aus ihm Frischwasser geschöpft haben. Aber ganz in der Nähe stoßen Rick und sein Team auf die Reste eines anderen, viel älteren Brunnens. Von den verwitterten Steinen her zu schließen, könnte er gut aus der Zeit von Henry Morgan stammen. Rick ist auf einmal hellwach. Das muss einfach die richtige Bucht sein. Sie beschließen, sofort mit dem Tauchen anzufangen.

Sylvia Krüger mit Kindern in La Hatte auf Île à Vache. Die Kinder interessieren sich sehr für die Arbeit des Expeditionsteams.

Wracktauchen – so viel ist wohl inzwischen klar – erfordert in erster Linie Geduld, Durchhaltevermögen und Beharrlichkeit. Manchmal über Jahre, manchmal über Jahrzehnte, manchmal ein Leben lang. Und dann braucht man natürlich noch Glück. Ob das Glück wohl endlich einmal auf ihrer Seite ist?

Rick, Sylvia und die anderen Taucher suchen die Gegend ab, in der sie mit dem Schiff vor Anker gegangen sind.

Beim dritten Tauchgang entdecken sie einen alten Anker, einen britischen Admiralitätsanker, der auf Morgans Schiffen zum Einsatz gekommen sein könnte. Endlich ein Zeichen! Aber danach tauchen sie zahllose Male zum Meeresgrund, grasen die gesamte Bucht von

Unterwasserarchäologie

Die Unterwasserarchäologie ist eng verbunden mit der Entwicklung der Pressluftttaucherei, die der Franzose Jacques Yves Cousteau **1950** mit seiner Erfindung der Sauerstoff- oder Pressluftflasche revolutionierte. Dieses Gerät macht lange Tauchgänge in tiefen Gewässern möglich. Unterwasserarchäologie befasst sich nicht nur mit alten Wracks, sondern auch mit untergegangenen Siedlungen. Nach dem Ende der Eiszeit kam es in Nordeuropa zu einem Anstieg des Meerwasserspiegels von teilweise mehr als 100 Metern. Steinzeitliche Siedlungen in Ufernähe befanden sich plötzlich auf dem Meeresboden. Auch durch schwere Erdbeben versanken viele antike Orte – im Mittelmeer zum Beispiel Alexandria, die Stadt der schönen Kleopatra – im Meer. Teile des Königsviertels wurden **1998** von dem bekannten Unterwasserarchäologen Frank Goddio entdeckt.

La Hatte ab und finden nichts. Gar nichts. Und nur noch vier Tage, dann müssen sie das gecharterte Schiff zurückbringen. Soll die *Oxford* für immer in den Tiefen der See verborgen bleiben?

Die Strömung im Wasser ist stark. Die Tauchgänge sind unglaublich anstrengend. Bei einer kurzen Erholungspause an Deck überlegen sie, ob die *Oxford* vielleicht mit der Strömung weggetrieben worden ist. Wohin führt diese Strömung? Genau in Richtung eines gefährlichen Riffs. Rick sieht sich das Riff genauer an und bekommt eine Gänsehaut. An diesem Riff tauchen? Geht das überhaupt? Am Riff von A'Bacou herrscht ein ungewöhnlich starker Seegang. Alle sieben Sekunden donnern die Wellen mit unvorstellbarer Gewalt auf das Riff. Vor einem Tauchgang in solchen Zonen hat selbst Rick als professioneller Wracktaucher Respekt. Aber dann entscheidet er sich dafür, es wenigstens zu versuchen.

Rick und sein Tauchpartner Bruce ziehen sich schwere Bleigürtel an und fahren mit einem Beiboot so dicht es geht ans Riff heran. Und dann muss das Timing perfekt stimmen. Sie springen auf die Sekunde genau zwischen zwei dieser gewaltigen Brecher ins Wasser. Das Blei zieht sie in Sekundenschnelle nach unten auf den Meeresboden. So können die Wellen an der Wasseroberfläche sie nicht mitreißen und mit mörderischer Gewalt auf das Riff schleudern. Das wäre der sichere Tod für die Taucher.

Die Bucht von La Hatte an der Südwestküste von Île à Vache. In dieser Bucht ankerte die *Oxford*, als sie explodierte. Hier versorgten sich Morgan und seine Männer mit Trinkwasser.

Wie Bodenwürmer kriechen Rick und Bruce über den Meeresgrund und arbeiten sich Meter um Meter vor. Wenn sie spüren, dass eine Welle heranrollt, halten sie inne, bis die Welle donnernd auf das Riff gestürzt ist. Dann schlängeln sie sich weiter, dem scharfzackigen Riff entgegen. Sie sehen sich um, suchen den Meeresboden ab, graben mit ihren Händen im Sand. Ohne Ergebnis.

Nach jedem Tauchgang wird den beiden Männern vom Beiboot aus ein Rettungsring an einem Seil zugeworfen. An den müs-

Oben: Gegenlichtaufnahme eines Schwarms Querbänder-Barrakudas. Eine ungeheure Artenvielfalt und großer Fischreichtum erwarten Taucher in der Karibik.

Oben links: Die Riffs der Karibik sind ein Paradies für Taucher. Das kristallklare Wasser erlaubt Sichtweiten bis zu einer Tiefe von 30 Metern.

Moderne Piraterie

Piraten gibt es auch heute noch: 264 Piratenüberfälle wurden allein **2013** vom „International Maritime Bureau" registriert. Die Dunkelziffer dürfte weitaus höher liegen. Besonders viele Überfälle werden in Indonesien, Nigeria, Somalia und Bangladesch gemeldet. Moderne Piraten kommen mit Hubschraubern und Schnellbooten und greifen mit Raketenwerfern und Maschinengewehren an. Sie nehmen den Seeleuten ihre Wertsachen ab, bringen Schiff und Mannschaft unter ihre Kontrolle und fordern wie schon Henry Morgan ein hohes Lösegeld für die Rückgabe und Freilassung. Die Reedereien bezahlen schnell, da sie sonst alles verlieren: das Schiff, die Fracht, die Mannschaft.

Rick Haupt vor dem nächtlichen Tauchgang. Nachts verliert man im Meer leicht die Orientierung. Daher tragen die Taucher einen Leuchtstab mit sich.

sen sie sich mit ihrer ganzen Kraft klammern – dann zieht sie das Boot mit einem kraftvollen Ruck weg vom Riff. Das Ganze findet bei stürmischer See und mit 20 Kilo Blei um den Bauch statt. Diese Tauchgänge am Riff von A'Bacou sind das Anstrengendste, was Rick Haupt je gemacht hat. Drei Mal werden die Taucher auf diese Weise aus der Gefahrenzone gezogen – dann können sie ihre Arme nicht mehr bewegen. Sie sind halb tot vor Erschöpfung, und gefunden haben sie immer noch nichts. Rick ist restlos ausgepumpt, jeder einzelne Muskel schmerzt. Schließlich gesteht er sich ein: Tagsüber, bei diesem Wellengang, ist die Suche völlig aussichtslos. Aber nachts könnte es gehen, wenn sich das Meer etwas beruhigt hat. Rick weiß, dass er mit einem Nachttauchgang ein hohes Risiko eingeht. Nachts in einer bewegten Zone zu tauchen – das kann man in jedem Tauchbuch nachlesen – ist absoluter Wahnsinn. Und Rick tut es dennoch. Er kann nicht anders. Die *Oxford* ist nun mal sein Wrack.

4. März 2004, 21 Uhr 49. Sie nehmen starke Lampen an sich und lassen sich rückwärts ins schwarze Wasser fallen. Tatsächlich ist die Strömung schwächer geworden. Zum ersten Mal können sich Rick und sein Tauchpartner Bruce ein wenig freier bewegen. Viel sehen können sie allerdings nicht. Es ist, als ob sie durch ein Aquarium tauchten. Tausende von kleinen Fischen sind durch das helle Licht ihrer Lampen angelockt worden. Durch die Schwärme schillernder Fische hindurch kann Rick seinen Tauchpartner kaum erkennen. Was nun?

Aber Bruce kümmert sich nicht um die Fische. Er hält irgendeinen Gegenstand in der Hand und sieht aus, als würde er lachen. Was ist das für ein merkwürdiges Ding?, signalisiert Rick mit fragenden Gesten zu ihm hinüber. Da deutet Bruce eine Schießbewegung an, und Rick versteht, was er damit sagen will: Bruce hat eine Muskete gefunden. Als er näher heranschwimmt, erkennt er den Abzugsmechanismus mit dem Steinschloss. In diesem Moment weiß Rick, dass er seinem Ziel sehr nahe sein muss. Denn wo eine Muskete ist, da kann man vielleicht noch mehr finden. Sie sehen sich um und stellen fest, dass sie sich in einem archäologischen Wunderland befinden. Plötzlich entdecken sie überall im Sand Gegenstände: Scherben von Krügen, Musketenkugeln, kaputte Weinflaschen, kleine Büchsen, ein halber Tonkrug mit Henkel ragt aus dem Sand heraus, daneben das Ende einer Pistole, die aus der Piratenzeit stammt.

Es ist nur der Anfang. Am nächsten Tag geht die Suche weiter. In ihrem Freudentaumel über die Funde vergessen die Taucher für eine Sekunde lang die Gefahr, die von den gewaltigen Wellen ausgeht. Und da passiert es: Eine Welle reißt sie mit – genau auf das Riff zu. Während Rick sich schon auf eine äußerst unsanfte Landung vorbereitet, sieht er etwas aus dem Riff herausragen. Eine Kanone! Die Welle reißt ihn wieder zurück, und mit dem nächsten Brecher wird er zu einer anderen Stelle am Riff getragen. Und wieder sieht er eine Kanone. Er klammert sich daran mit aller Kraft fest. In den wenigen Sekunden, die ihm bleiben, um sich in Sicherheit zu bringen, erkennt er, das mit diesem Riff ein altes Schiff verwachsen ist. Ein Kriegsschiff. Später zählen sie insgesamt 60 Kanonen auf dem Riff von A'Bacou.

? Blackbeard

Ähnlich legendär wie Henry Morgan war sein „Kollege" Edward Teach. Nach 20 Jahren als ehrlicher Seemann schließt er sich **1716** den Piraten an, die ihn schon bald zu ihrem Anführer machen. Er wird unter dem Namen „Blackbeard" – Schwarzbart – berühmt und berüchtigt. Um seine Gegner einzuschüchtern, hängt er angeblich brennende Lunten in seinen imposanten schwarzen Bart. Mit einem Messer zwischen den Zähnen und seinen Pistolen im Anschlag springt er stets als Erster auf das gegnerische Schiff. Er gilt als besonders blutrünstig und wird zum Schrecken von Freund und Feind. Sein grausiges Ende ist legendär: Er wird von englischen Marinesoldaten gefangen und getötet. Angeblich brauchte es dazu fünf Kugeln und 20 Säbelhiebe. Blackbeards Kopf wird vorne am Schiff aufgehängt – zur Warnung für alle anderen Piraten.

Die *Oxford* und die Boote, die mit ihr untergegangen sind! Endlich. Rick Haupt hat gefunden, wonach er vier Jahre lang gesucht hat. Der Fund ist eine Sensation. Die Londoner *Times* schätzt ihn als ebenso bedeutsam ein wie den Fund des Wracks der *Titanic*.

Rick Haupt möchte nichts von den Fundstücken für sich behalten, keine Kanone und nicht die kleinste Musketenkugel. Ein Wrack, das ist Ricks tiefe Überzeugung, gehört allen, nicht einem Einzelnen allein. Er hat vorgeschlagen, ein Museum zu bauen, damit die Besucher, die nach Île à Vache kommen, sich vorstellen können, wie es war, damals, als Henry Morgan noch der Schrecken der Meere war. Das ist ihm wichtig: Dass Menschen über die Geschichte nachdenken. Wo kommen wir her? Wer waren die Menschen, die lange vor unserer Zeit lebten? Und: Was hat uns zu dem gemacht, was wir sind?

Kehren wir noch einmal zurück in die Vergangenheit, zu Sir Henry Morgan. Als Vizegouverneur von Jamaika hat er viele Aufgaben: Zu allererst lässt er die Stadt gut befestigen, damit weder Piraten noch Spanier sie einnehmen können – wer könnte das besser als der alte Freibeuter? Er verbringt als

Endlich, nach vier Jahren, hatten wir Captain Morgans Schiffe gefunden. Am liebsten hätten wir unter Wasser vor Freude getanzt.
Rick Haupt

Oben: Tauchgang auf der Suche nach der *Oxford*

Rechts: Sylvia Krüger mit einem Fundstück

ehrenwerter Richter viel Zeit am Schreibtisch und gehört jetzt zur besseren Gesellschaft. Aber eigentlich ist das kein Leben für einen Kerl wie Morgan. Am liebsten trifft er sich mit alten Kumpanen in schummrigen Hafenkneipen, um zu zechen und von alten Zeiten zu träumen, als noch das Meer sein Zuhause war.

Am 25. August 1688 stirbt Morgan 53-jährig; wie es heißt, an den Folgen der Trinkerei. Er wird auf dem Friedhof von Port Royal beigesetzt. Ein Staatsbegräbnis mit wohlgesetzten Worten über sein ehrenwertes Leben, ein prunkvolles Grab neben anderen ehrenwerten Bürgern der Stadt: Es passt nicht zu seinem wilden Leben, dieses Ende. Es passt ganz und gar nicht. Und das Schicksal schreibt dieses Ende noch einmal neu. Denn vier Jahre nach Henry Morgans Tod erschüttert ein gewaltiges Erdbeben die Stadt Port Royal und reißt den Friedhof mitsamt dem Piraten des Königs ins Meer.

Da liegt er nun, versunken am Meeresgrund, genau wie sein stolzestes Schiff, die *Oxford*, die für alles steht, was Henry Morgan liebte: den Kampf für seinen König, die Kameraden, die wie seine Brüder waren, und das weite Meer.

Chronik

Geschichte der Piraterie:

8. Jahrhundert v. Chr. Der griechische Dichter Homer spricht in seinen Werken von den *peiratés*, die eine Plage für das griechische Weltreich seien. „Pirat" leitet sich vom griechischen Wort *peiratés* ab und bedeutet Angreifer.

5. Jahrhundert v. Chr. Die *Historien* von Herodot sind die ältesten „Geschichtsbücher" der Welt. Auch in ihnen wird von Seeräubern erzählt.

1. Jahrhundert v. Chr. Piraten breiten sich über das gesamte Mittelmeer aus und fügen dem Römischen Reich großen Schaden zu.

67 v. Chr. Pompejus bekommt vom römischen Senat die Vollmacht zur Vernichtung der Piraten.

793 Mit dem Angriff norwegischer Piraten auf das ostenglische Kloster Lindisfarne beginnt das Zeitalter der Wikinger.

1042 Die letzte Invasion der nordischen Seeräuber an der Nordseeküste scheitert. Die Wikinger werden von den Sachsen zurückgeschlagen.

um 1375–1400 Die sogenannten Vitalienbrüder, etwa 1500 Mann mit 300 Schiffen, werden zur Plage für den Handel in der Nord- und Ostsee.

1401 Die Hinrichtung des legendären Vitalien-Anführers Klaus Störtebeker und seiner Anhänger kann die Piraterie in Nordeuropa zwar eindämmen, jedoch nicht endgültig beenden.

1435 Mit der Zerstörung ihres letzten Stützpunktes in der Nordsee gelingt die Zerschlagung der Vitalienbrüder.

ab 1492 Mit der Entdeckung Amerikas und der Ausdehnung des Handels auf alle Weltmeere bekommen Freibeuterei und Piraterie neuen Aufschwung.

1493 Papst Alexander VI. teilt auf ausdrücklichen Wunsch der Spanier die Neue Welt in spanische und portugiesische Herrschaftsbereiche auf. Die Schiffe aller anderen Nationen in den Gewässern der Neuen Welt werden fortan von Spanien und Portugal als Piratenschiffe angesehen.

ab etwa 1500 Spanien und Portugal steigen zu den reichsten und stärksten Mächten Europas auf.

1572 Der Engländer Francis Drake segelt im Auftrag Königin Elisabeths I. nach Amerika, um Reichtümer für die englische Krone zu erbeuten. Drake ist der erste berühmte Freibeuter der Geschichte.

1577 Drake begibt sich auf die „Famous Voyage", einen der erfolgreichsten Beutezüge in der Geschichte der Piraterie. Er bringt Schätze im Wert von 500 000 Pfund (nach heutigem Wert über 100 Millionen Euro) nach England.

ab etwa 1600 In der Karibik bildet sich ein Zentrum der Piraterie heraus, das in der Weltgeschichte einmalig ist. Die Bukanier werden von den spanischen Seefahrern bald mehr gefürchtet als alle europäischen Freibeuter.

ab 1604 England errichtet Stützpunkte und Kolonien in der Karibik und an der nordamerikanischen Ostküste. Durch diese Erfolge verschärfen sich die Auseinandersetzungen mit Spanien.

1635 Henry Morgan wird in Wales geboren. Seine Mutter ist Deutsche.

1640 Um den Zusammenhalt der zahlreichen Bukaniergruppen zu stärken, schließen sie sich zu den „Brüdern der Küste" zusammen.

ab 1650 Immer mehr europäische Staaten errichten Kolonien in der Neuen Welt. Oft sind diese Staaten aber nicht in der Lage, ihre noch schwachen Kolonien durch eine Kriegsflotte zu schützen. Die Folge: Seeraub und gegenseitige Plünderungen werden zu einem einträglichen Geschäft. Piraten mit und ohne Kaperbriefe machen die Karibik unsicher.

um 1650–1720 Goldenes Zeitalter der Piraterie. Piraten und Freibeuter beherrschen jahrzehntelang die Weltmeere.

1652 Tortuga wird zum Zentrum der Piraterie in der Karibik.

1654 Henry Morgan kommt mit einer Expeditionstruppe der englischen Marine in die Karibik, wo er an der Eroberung Jamaikas teilnimmt.

1655 Morgan beginnt seine Fahrten als Pirat. Unter englischer Flagge kämpft er gegen die spanische Flotte.

ab 1660 Port Royal auf Jamaika wird zur Hochburg der Bukanier.

1668 Die Bukanier wählen Morgan zu ihrem Admiral, also zum Chef aller Piratenkapitäne und Anführer aller Gefolgsleute. Im gleichen Jahr überfällt er mit rund 500 Mann die Hafenstadt Portobello. Dies ist der Beginn des bis dahin größten Piratenraubzugs der Geschichte. Später fallen auch Maracaibo und Panama in die Hände der Bukanier.

2. Januar 1669 Morgans Flaggschiff, die *Oxford*, explodiert vor Île à Vache.

1671 Henry Morgan führt eine Flotte von 36 Schiffen an.

1674 Morgan wird von König Charles II. in den Adelsstand erhoben.

1678 Alexandre Olivier Exquemelins Buch *Die amerikanischen Seeräuber* erscheint.

1685 Mary Read wird in England geboren. Als Junge verkleidet heuert sie mit 15 Jahren auf einem Piratenschiff an. Ihr Schwindel fliegt erst Jahre später auf.

25. August 1688 Morgan stirbt auf Jamaika.

1690 Anne Bonny wird in Irland geboren. Sie heiratet den Piraten James Bonny und heuert mit ihm auf einem Piratenschiff an. Weil behauptet wird, Frauen an Bord brächten Unglück, verkleidet auch sie sich als Mann. Sie wird gefangen genommen und entlarvt, aber von Strafe verschont, weil sie schwanger ist.

um 1700 Der Indische Ozean gerät mehr und mehr ins Visier der Seeräuber.

1701 Die Ostindische Handelskompanie, die sehr unter der Piraterie zu leiden hat, übt so lange Druck auf das englische Königshaus aus, bis Schiffe der Royal Navy ausgesandt werden, um den Seeräubern Einhalt zu gebieten. Der legendäre Pirat William Kidd, der eigentlich mit einem englischen Kaperbrief ausgestattet war, muss als Sündenbock herhalten und wird öffentlich hingerichtet.

1713 Im Friedensvertrag von Utrecht erkennen die kolonialen Großmächte gegenseitig ihre Besitztümer in der Neuen Welt an. Dem Freibeuterdasein wird damit die Grundlage entzogen.

1713–1717 New Providence (das heutige Nassau) auf den Bahamas entwickelt sich zu einem neuen großen Piratenstützpunkt. Der Handel in diesem Gebiet ist so gut wie lahmgelegt, weil nahezu jedes erreichbare Schiff von den Piraten geentert und geplündert wird.

1718 Edward Teach, bekannt als Kapitän Blackbeard, wird von englischen Marinesoldaten getötet.

1718 Der ehemalige Freibeuter Woodes Rogers bekommt von der englischen Krone den Auftrag, das Treiben der Piraten zu beenden.

1724 Captain Charles Johnsons Buch *Umfassende Geschichte der Räubereien und Mordtaten der berüchtigten Piraten* erscheint in London. Das Werk, das 34 Biografien bekannter Seeräuber enthält, ist so populär, dass es bald nachgedruckt und in viele Sprachen übersetzt wird. Der Mythos der Piraten wird damit entscheidend geprägt.

1881 Robert Louis Stevenson schreibt mit *Die Schatzinsel* die berühmteste Piratenerzählung aller Zeiten.

2013 Der Pirateriereport des Internationalen Schifffahrtsbüros (International Maritime Bureau, kurz IMB) meldet für dieses Jahr 264 Überfälle. Durch Piraterie entstehen jährlich Schäden von mehreren Milliarden Euro.

Wracksuche:

4. Jahrhundert v. Chr. Bereits im Alten Griechenland suchen Taucher nach Schätzen. Um die Tauchzeit zu verlängern, nehmen sie einen Luftvorrat in einem Fass oder einer Glocke mit.

1679 Giovanni Borelli verbessert die Luftzufuhr bei Tauchgängen durch eine Pumpe, die die Luft in der Taucherglocke ständig erneuert. Damit können Wracks in bis zu 60 m Tiefe erreicht werden.

um 1830 Mit der Erfindung des Taucheranzugs ist es erstmals möglich, Wracks ohne die hinderliche Tauchglocke in tiefem Wasser zu untersuchen. Luft wird durch einen Schlauch zugeführt.

1930er Erste wissenschaftliche Untersuchungen unter Wasser

1943 Jacques Cousteau und Émile Gagnan erfinden die sogenannte Aqualunge. In dieser Sauerstoffflasche kann ein Druckluftvorrat beim Tauchen mitgenommen werden. So können viele bisher unbekannte oder unzugängliche Wracks erforscht werden.

1950er Beginn der methodischen archäologischen Wrackforschung

1961 Das schwedische Kriegsschiff *Vasa*, das 1628 auf seiner Jungfernfahrt vor Stockholm sank, wird gehoben. Es ist das am vollständigsten erhaltene Kriegsschiff aus dem 17. Jahrhundert.

1980er Die *Whydah*, Schiff des Piratenkapitäns Sam Bellamy, wird auf dem Meeresgrund vor der nordamerikanischen Küste entdeckt. Die Taucher finden Goldschätze im Wert von zig Millionen Dollar.

1982 Das 1545 gesunkene englische Kriegsschiff *Mary Rose* wird mit Hilfe eines Unterwasser-Heberahmens weitgehend unbeschadet geborgen.

1985 Die *Argo*, eine ferngesteuerte Tauchsonde, findet das Wrack der 1917 im Nordatlantik gesunkenen *Titanic*.

Februar 2004 Rick Haupt findet die Überreste der *Oxford* vor der Küste von Île à Vache bei Haiti.

2012 Ein internationales Forscherteam findet die *SS Terra Nova*, das Schiff, mit dem der Entdecker Robert Falcon Scott 1910 Richtung Südpol in See stach. Das Schiff war 1943 vor der Küste Grönlands gesunken.

Buchtipps

Alexandre Olivier Exquemelin: *Das Piratenbuch von 1678*, Erdmann, Tübingen 1983. Der Augenzeugenbericht des Holländers Exquemelin ist bis heute die wichtigste Quelle über die Piraten der Karibik.

Rick Haupt: *Das Piratenschiff*, Piper, München 2004. Hier berichtet Rick Haupt selbst über die Entdeckung der *Oxford*.

Robert Louis Stevenson: *Die Schatzinsel*, Diogenes, Zürich 1997. In diesem Romanklassiker erzählt der junge Jim Hawkins von seiner abenteuerlichen Suche nach einem Piratenschatz.

Filmtipps

Der rote Korsar DVD 2006. Ab 12 Jahren. Die Abenteuer des Piratenkapitäns Vallo, der im goldenen Piratenzeitalter in den Kampf gegen die Spanier zieht

Die Geister der Titanic 2 DVDs 2004. Dokumentation über das Wrack der *Titanic*

Die Piratenbraut DVD 2001. Ab 12 Jahren. Piratentochter Morgan auf der Suche nach einem geheimnisvollen Schatz

Die Schatzinsel 2 DVDs 2007. Verfilmung des Abenteuerklassikers

Fluch der Karibik 5 DVDs 2012. Ab 12 Jahren. Die Abenteuer von Piratenkapitän Jack Sparrow und Will Turner

Museen

Das Hamburg Museum
Holstenwall 24
20355 Hamburg
www.hamburgmuseum.de
Ausstellung über die Piraterie in Nordsee und Elbe im 16. und 17. Jahrhundert

Museum für Unterwasserarchäologie
Alter Fährhafen
18546 Sassnitz (Rügen)
www.ostsee.de/insel-ruegen/unterwasser-museum.html

PiratenAmüseum
Ebertstraße 88a
26382 Wilhelmshaven
www.piratenmuseum.com

Wikinger Museum Haithabu
Am Haddebyer Noor 5
24866 Busdorf
www.schloss-gottorf.de/haithabu

Windstärke 10. Wrack- und Fischereimuseum
Ohlroggestraße 1
27472 Cuxhaven
www.windstaerke10.net

Vasa Museum Stockholm
Galärvarvsvägen 14
115 21 Stockholm
Schweden
www.vasamuseet.se
Das nahezu vollständig erhaltene Kriegsschiff *Vasa* ist hier ausgestellt. Die Internetseite ist auch auf Deutsch abrufbar.

Webtipps

www.icc-ccs.org
Das Piracy Reporting Center in Kuala Lumpur registriert weltweit Piratenüberfälle.

www.piratenausstellung.de
Seite zur Piratenausstellung 2000 im Überseemuseum Bremen mit einem Lexikon der wichtigsten Piratenbegriffe

www.oceansdiscovery.com
Seite der Organisation für Unterwasserforschung von Rick Haupt und Sylvia Krüger

Register

Seitenverweise auf Bildlegenden sind *kursiv* gesetzt.

Bildnachweis
akg-images Berlin: S. 8ul, 10mr/Erich Lessing: S. 7 (Hintergrundbild), 20/Joseph Martin: S. 36ol; Associated Press/Tomas Munita: S. 36mr/NOAA/David Hall: S. 51um; Bridgeman Art Library/Look and Learn: Umschlag vorn o; fotolia/mozZz: Umschlag vorn ul; INTERFOTO/Mary Evans Picture Library: S. 37, 40u; Jauch und Scheikowski, Porep: Umschlag hinten l, S. 29, 32-33u, 41or; © 2007 Oceans Discovery/Foto: Sylvia Krüger: Umschlag hinten ur, S. 7ml, 11, 12, 14ul, 15, 17, 18, 19ml&ur, 43ul, 44mr, 45ul, 48u&mr, 50, 52ul&ur, 53or, 54, 55, 57, 59ol∨ picture-alliance/Bildagentur Huber: S. 39u/dpa: S. 4-5, 21o, 42, 47, 56o/OKAPIA/Reinhard Dirscherl: S. 21ml, 56mr/OKAPIA/Kjell B. Sandved: S. 16; U. S. NAVY/John F. Williams: S. 51ul

Quellennachweis
Robert Bohn: *Die Piraten,* C.H. Beck, München 2003; Terry Breverton: *Admiral Sir Henry Morgan, King of the Buccaneers,* Pelican, Middlesex 2005; Alexandre Olivier Exquemelin: *Das Piratenbuch von 1678,* Erdmann, Tübingen 1983; Peter Wood: *Abenteurer der Karibik,* Time-Life 1979; Rick Haupt: *Das Piratenschiff – Die abenteuerliche Entdeckung der Oxford,* München: Piper, 2006.